杨斌

By the Side of Teaching

写 在
讲台边上

著

中国人民大学出版社

·北京·

图书在版编目（CIP）数据

写在讲台边上 / 杨斌著. —北京：中国人民大学出
版社，2018.8
ISBN 978 - 7 - 300 - 25948 - 2

Ⅰ.①写… Ⅱ.①杨… Ⅲ.①教育工作 Ⅳ.①G4

中国版本图书馆CIP数据核字（2018）第139719号

写在讲台边上

杨斌 著

Xie Zai Jiangtai Bianshang

出版发行	中国人民大学出版社			
社　　址	北京中关村大街31号		**邮政编码**	100080
电　　话	010 - 62511242（总编室）		010 - 62511770（质管部）	
	010 - 82501766（邮购部）		010 - 62514148（门市部）	
	010 - 62515195（发行公司）		010 - 62515275（盗版举报）	
网　　址	http://www.crup.com.cn			
经　　销	新华书店			
印　　刷	北京东君印刷有限公司			
规　　格	168 mm × 239 mm　16开本		**版　　次**	2018 年 8 月第1版
印　　张	12.25 插页1		**印　　次**	2020 年 5 月第3次印刷
字　　数	200 000		**定　　价**	49.80元

目录

Contents

序

　　用了较长的时间，大致看完杨斌老师的这部书稿，也就进一步理解了他何以能心无旁骛地沉潜于他的世界。本书有相当篇幅是杨斌老师围绕个人阅读和编著的述说，从中可以看出他的志趣所在。我读过杨斌老师编选的几本书，了解他关注的问题，而如他所言，他在编著过程中所获得的愉快，也许不是所有人都能体会得到的。

　　合格的教师总是把思考和学习当作自由呼吸，杨斌老师就是这样不倦地研究问题的。此前我对他的了解，是基于他从不人云亦云，总能依据基本规律和常识去思考和判断，对教育界一些现象和问题保持独有的敏感。读他的著述，很敬佩他的识见。

　　敬畏常识让杨斌老师有使命感，把教学和研究问题当作一种文化责任。教师是古老的职业，教学也并不神秘。教育界本当比较安静，只要学校按照教育规律办学，教师遵守教育常识，有自觉的学习意识，提高专业素养，教学也就不至于那样艰深，教师也不至于那样辛劳。"教书者"自己是读书人，教书的同时也和学生一样读书，这是职业特征，也应当是教师的生活方式。教师的读书纯粹是个人的事，是"为自己的阅读"。我看杨斌老师的读书，凭的就是个人趣味，乐此不疲，他对蔡元培、叶圣陶诸贤的研究，对宗白华的重新认识，与李泽厚的对话访谈，完全是由着读书的兴味，而他在这样的阅读中，提升了自己的职业认知。

这里特别想说说杨斌老师的叶圣陶研究。从他选编叶圣陶著述的眼光和相关研究文章中，可以看出他对前辈教育家开创性的工作有足够的认识，他的研究超出了一般意义上的教学需求。近几十年来语文教育界争论不休的一些问题，早在20世纪二三十年代，在叶圣陶一辈学者那里，就有了明确的阐述。杨斌老师以他安静的阅读为自己打底子的同时，视野所及，上溯百年语文教育史和美育教育史。他不遗余力地介绍叶圣陶诸贤的教育思想，做有益公众的普及工作。他几乎带着宗教般的激情，同时带着理性的思考，对当下的浮躁之风给以冷峻的批判。他在书中所言"走出学科"，意在于学科教学中追寻更高的教育境界，而不愿纠缠于学科内部的争论。其实，只要我们冷静思考，就可以发现，学科内部长期解决不了的矛盾，往往不是学科内部乃至教育范畴的问题，思考者只有拓展视野，在更高层面深刻思考，才有可能辨清教育所面临的难题。研究学科教育史，了解一百多年来基础教育发生过什么、有过什么样的主张、教育家的思考以及他们的成就，庶几能弄清职业责任，不闹笑话，做成一些实实在在的事。

我之所以推崇杨斌老师的安静，乃是因为这一二十年来教育界虽然风起云涌，鼓角动地，但并未见多大的进步，往往是"进一步退两步"，甚至如鲁迅说的"改革一两，反动十斤"（鲁迅《习惯与改革》）。诸如应试教育如此强势而花样翻新，小学教育麻烦层出不穷，是三十年前无论如何也想不到的。在乱象丛生的局面下，也有相当一部分教师保持着清醒，这就不能不靠他们个人的精神追求和职业素养了。教师要保持良好的抑或是正常的职业状态，唯一的办法，也许只能是读自己的书，思考自己感兴趣的问题，以之为精神支柱。杨斌老师对美育的探究，即是最好的证明。在大多数人尚未认识到美育的存在价值的情况下，杨斌老师已经在潜心钻研这个大问题了。我能想象杨斌老师在探索路上的寂寞和孤独。学校教育必须有高贵的精神追求，没有美的熏陶，没有精神的成长，教育则不存在。

从本书可以大致看出杨斌老师的美学追求之路——从苏北平原的灌河边，到古城苏州，由讴歌故乡的青年，成长为沉静的思想者。一个人的探寻，一个人的独步。这样的存在，给立于讲台上的教师以重要的启示。我感到，如果教师能超越职业需求，醉心于某方面的研究，必是一件有趣味的事。杨斌老师对李泽厚的研究，如痴如醉，三十多年持续未绝，在润泽了个人精神生活的同时，也丰富了教育教学智慧。

杨斌老师曾说，他主张"只做不说"或"先做后说"的原则，于是我们看到了一位踏踏实实教书、读书，扎扎实实研究问题的教师。教师沉潜于独立阅读和独立思考，这种乐境，大约再没有什么可以超越的了。

是为序。

吴非

2017 年 11 月于南京

辑
一

星空与岁月

因爱得深沉而常含泪水，
因充满希望而仰望星空。
诗人说那是五千年的象形文字，
还有未来人们凝视的眼睛。
星空与岁月是一泓澄明的水，
鉴照每个人心底都必须直面的追问：
山水迢遥，能否经得起这一程
无法拒绝的弥久弥长的跋涉？

想起了蔡元培

20 世纪的中国教育注定要和美育结缘！

世纪之初（1912 年），时任国民政府教育总长的蔡元培先生极力倡导美育，终将美育写进了国民政府的教育方针；在经历一个世纪的风风雨雨、曲曲折折之后，1999 年，全国教育工作会议又一次确定美育为国家教育方针。于是，在星移斗转世纪交替的宏大背景下，我又时常于晚雨敲窗夜阑人静之时，捧起这本封面已经褪色、薄薄而又沉重的《蔡元培美学文选》，默默地和先生对话，品尝一代伟人思想和智慧的醇香，也品尝悠悠岁月酿就的孤独和苍凉。

历史好像绕了一个圈。当然，这是一个螺旋式的圈。然而，这个圈对蔡元培先生，尤其是对蔡元培先生的美育思想，究竟意味着什么呢？似乎还研究得很不深入。在"风雨如晦，鸡鸣不已"的 20 世纪初叶，蔡元培先生的美育主张如同他追求的资产阶级社会理想一样，最终只落得个"无可奈何花落去"的凄凉结局。所以，蔡元培先生的塑像，在文学家的笔下，是"不管如何变了角度端详，总觉得先生的目光微含忧郁，抑或是期待；淡淡的，淡淡的，像是壮士闻鸡，又像是英雄凭栏……"（卞毓方《煌煌上庠》）然而，不可否认的是，当年蔡元培先生高瞻远瞩，把美育写进了国家的教育方针，这无疑是现代中国教育史上最为重要的一块奠基之石，无论怎么评价其意义都不为过。蔡元培，无论怎么说，都应当是中国教育史上绕不过去的一位泰斗。

想当年，蔡元培先后执掌教育部和北京大学，也算是中国教育文化界的一个重量级人物。首次提出将美育列入国家教育方针，更是开一代风气之先。蔡元培和鲁迅，同是浙江绍兴人，秀丽的浙东山水孕育出了这两位20世纪中国思想文化界的巨人。鲁迅小蔡元培13岁。当年，鲁迅还是因为蔡元培的提携和推荐，才当上了教育部的一个佥事，并恰恰分管了蔡元培先生极力倡导的美育。由此既可以看出两人之间非同寻常的关系，也可以发现蔡先生对美育的格外重视。然而，岁月沧桑，世事纷纭。与鲁迅的崇高地位和巨大影响形成鲜明对比的是，蔡元培先生在很长一段日子里，被人们忘记了。虽然北大校园里蔡元培先生那座塑像依然静静肃立，但作为一位伟大的思想巨人，他是不是显得过于寂寞了点儿？

我们真的能绕过这样一位现代文化史上的巨人吗？不可能，也不应该！历史唯物主义告诉我们，历史是不能被割断的。只有站在巨人的肩上，才能比巨人看得更远。对于蔡元培先生留下的那笔思想遗产，我们应当实事求是地予以研究、分析，继承其中的精华，根据变化了的历史条件和新的形势，找出符合实际的解决问题的办法。

在美育问题上，蔡元培先生给我们留下了哪些思想遗产呢？

首先是美育于人生的意义。他认为，美育可以提高人的道德情操，培养人的献身精神和创造能力，以便为救国、为革命、为建设出力。他说："人人都有感情，而并非都有伟大而高尚的行为，这由于感情推动力的薄弱。要转弱而为强，转薄而为厚，有待于陶养。陶养的工具，为美的对象；陶养的作用，叫作美育。""所以吾人急应提倡美育，使人生美化，使人的心灵寄托于美，而将忧患忘却。""救国者，艰苦之业也。墨翟生勤而死薄，勾践卧薪而尝胆，范仲淹先天下之忧而忧，后天下之乐而乐。断未有溺情于耳目之娱，侈靡之习，而可言救国者。""常常看见专治科学，不兼涉美术（即美育。——笔者注）的人，难免有萧索无聊的状态。无聊不过，于生存上强迫的职务以外，俗的是借低劣的娱乐做消遣；高的是渐渐的成了厌世的神经病。因为专治科学，太偏于概念，太偏于分析，太偏于机械的作用了。"正是从这种积极的审美观点出发，他才那样看重美育，认为"美育为近代教育之骨干"。他一生倡导美育，在实施美育的过程中，始终把提倡美育和反对封建专制、批判宗教迷信、反对帝国主义侵略紧密联系在一起。这在当时的历史条件下，进步意义是不言而喻的。今天，人们对美育的冷漠，是不是与人们对美育的意义认识不足有关呢？只要看一看社会上有些人空虚的精神状态（如报刊披露的大造生人墓、在大街上比赛扔钞票、浪掷千金以买一笑等），看一看本该是精神贵族的大学生乃至高级知识分子中那些精神苍白、灵魂缺血（譬如"硫酸泼狗熊""信奉邪教"）的人，就可知道，提高道德情操和人生品位的任务，是多么的艰难而又任重道远。而实现中华民族的伟大复兴，又是多么需要美育来陶铸和砥砺民族精神！

其次是美育与创造的关系。蔡元培倡导美育的另一个原因，就是他认为美育能激发创造精神。以美术教学为例。美术教学是实施美育的一个重要途径。但是应该如何进行美术教学呢？蔡元培认为，一定要让孩子自己去创造。"美育之在普通学校内，为图工音乐等课。可是亦须活用，不可成为机械的作用。从前写字的，往往描摹古人的法帖，一点一划，依样胡芦，还要说这是赵字哪，这是柳字哪，其实已经失却生气，和机器差不多，美在那里？""学校教育注重学生健全的人格，故处处要使学生自动。通常学校的教习，每说我要学生圆就圆，要学生方就方，这便大误。""美术所以为高尚的消遣，就是能提起创造精神。"蔡元培指出的这一点非常重要，抓住了美育的精神实质。因为如果美育仅仅是为了陶冶情操，那么，美育就是享乐、消遣，并没有什么特别重要的意义。而如果美育能培养创造精神，能激发创造的欲望，并且能促进智力的发展，其意义就非同小可了。于是，蔡元培先生发出了这样的号召："文化运动不要忘了美育。"并且获得了当时教育界和社会的响应和拥护。至于美育为什么能促进创造力，蔡先生没有多做论述，但这个判断无疑是正确的，已经为近一个世纪的学术成果所证明。反观我们今天的艺术教育，蔡先生批评过的现象依然存在：不重视艺术课的开设，随意减课停课；或者，仅仅把音乐、美术当作一种"技能"去培养，而不是把艺术课当作培养学生创造精神、创造意识的重要载体。观念和认识不同，在艺术教育实践中的做法和效果就会有很大差异。

再次，蔡元培先生以思想家的睿智和深刻，拓展了美育的范围。他提出了一个著名观点，即学校的美育不限于音乐、美术，甚至也不限于文学。他指出："凡是学校所有的课程，都没有与美育无关的。例如数学，仿佛是枯燥不过的了，但是美术上的比例、节奏，全是数的关系；截金术是最显的例。数学的游戏，可以引起滑稽美感。几何的形式，是图案美术所应用的。理化学似乎机械了；但是声学与音乐，光学与色彩，密切得很。雄强的美，全是力的表示。"蔡元培先生不愧是一个卓越的教育家，他有着常人所不具有的目光。就像当年他在北京大学石破天惊地提出"思想自由，兼容并包"的方针一样，他的学科美育观，其意义也是非常深远的。它不仅拓宽了美育的研究领域，尤为重要的，是为学科美育的发展指出了一个方向。而这一点，在此之前，还从来没有人做到过。沿着蔡元培先生指出的方向继续研究，或许是我们今天学科教育学前进的重要路径。已经有学者指出：学科教学在经历了知识中心、能力中心这两个阶段之后，正向着审美中心的方向发展。审美中心，意味着学科教学突破了知识能力本身，而和人的生命、人的发展紧紧地联系了起来。在学术研究上，有时高瞻远瞩、言简意赅地指出研究方向，比在同一平面上的长篇大论要重要得多。蔡元培先生的学科美育观当属此例，这一点，会越来越被未来的实践所证明。可惜，他的学科美育思想，远远没有引起教育界和学术界的重视。学科美育之外，蔡元培还深刻地指出，美育不仅限于学校，家庭、社会都有其各自的责任。在《美育实施的方法》中，他详细论述了社会美育要从专设的机关做起：美术馆、美术展览会、音乐会、剧院、影戏馆、历史博物馆、古物学陈列所、人类学博物馆、植物园、动物园；地方的美化包括道路、建筑、公园、名胜的布置以及古迹的保存等。显然，蔡元培是把美育作为一个系统工程加以考虑的。即使在今天看来，这一思想也还是颇有见地的。

最后，就是把美育列为教育方针。应该说这是蔡元培先生对中国教育的一个卓越贡献。虽然由于当时历史条件的限制，作为教育方针的美育不可能得到有力的贯彻和实施，但是，正是借助于此，美育在教育界、学术界才产生了广泛而深远的影响。而在此之前，中国社会和教育界对美育在教育中的重要性的认识还是很不足的。在这方面，蔡元培先生以其国民政府教育总长的位置和在学术界的巨大影响，发挥了决定性的作用，并促使后人认识到美育的重要意义。今天，美育又一次被列为国家教育方针。美育，肩负着神圣的使命！可是，美育的现状实在令人不敢恭维。可以这么说，无论是在观念层面还是在实践层面，对管理部门和基层学校来说，美育都还是一个相当陌生的概念。如果说蔡元培的年代里，兵荒马乱让美育举步维艰，极"左"的岁月中，极"左"思潮让美育成了异端，那么，今天，在美育堂堂正正被列入国家教育方针之后，急功近利、全面追求升学率的怪魔又把美育"逼"进了十分尴尬的境地。美育，真的是命运多舛哪！

所以，我们想起了蔡元培！不仅仅是要怀念。我们应当怎样去接受如此丰富的一笔思想文化遗产呢？时代不同了，但是，我们新时代的美育大厦难道能在一片废墟上拔地而起吗？当我们以迈向新时代的豪情与走向世界的胸襟，在教育方针的大旗上醒目而严肃地写上"美育"的时候，我们有没有想起过蔡元培这个响亮的名字？今天，我们如何从蔡元培先生的美育思想中汲取营养和精华，完成学术发展史上必不可少的扬弃过程，寻找出创造美育辉煌的策略和路径？

我们有理由期待着，我们也有理由担忧着。期待着，是因为美育是美丽的，教育会因美育而美丽，社会也会因美育而美丽；担忧着，是因为在教育通往美丽的路上，拦路虎实在太多。走笔至此，忽然想起了几年前曾经听到过的一位外国教育家说的一句话。这位教育家在惊叹于我们很多学校硬件设施精美的同时，说了一句意味深长的话："你们别的都好，就是学生没有个性，而且学得太累太累！"想到此，心头不禁有些黯然："美育，你在哪里？蔡先生，魂兮归来！"

你好，苏霍姆林斯基

知道苏霍姆林斯基的名字还是在二十多年前，那时，我在一所乡村中学做教研组长。说实话，初上讲台的我，还真不知道这教研组长应该如何去做，特别是每周一次的集体教研活动，总让我觉得内容空泛，流于形式。

一次偶然的机会，我在学校图书馆发现了一本薄薄的小书，是苏霍姆林斯基的《给教师的一百条建议》。粗粗地浏览下来，觉得其中有很多富有启发性的内容，比我们在师范院校学到的教育学要具体、鲜活、生动得多。我如获至宝。从此，教研活动中的一项常规内容，就是学习这本《给教师的一百条建议》。每次读一点儿，然后大家议一议，不拘一格，畅所欲言，感觉收获多多，启发多多。可以说，苏霍姆林斯基是第一位给予我深刻影响的教育家。若干年后，我有机会参加了一次苏霍姆林斯基教育思想研讨会，听了诸多专家的报告和讲演，其中还有苏霍姆林斯基的女儿。从此我对这位出生于乌克兰的教育先贤的了解和认识又加深了一层。

在众多的中外著名教育家中，苏霍姆林斯基是对教师教育素养关注得比较多的一位。因此，前几年，我在编选《什么是真正的教育：50位大师论教育》时，在"教师职业幸福的秘密"一章中，收录苏霍姆林斯基的文章最多。我想之所以如此，应该得益于苏霍姆林斯基在帕夫雷什中学几十年如一日的教育教学实践。他的教育理论不是概念的推演和逻辑的论证，而是来自自己丰富鲜活的教育教学实践，来自对一个个亲力亲为的教育故事的感悟，因此，他的著作读来总让人觉得分外亲切。

印象特别深的，是苏霍姆林斯基讲述的一位教师提前退休的故事。

我记得一次隆重的晚会，欢送一位教师退休。邀请我参加这个晚会的女教师还相当年青，她从二十岁开始工作，到退休也不过四十五岁。为什么阿娜斯塔西娅·格里哥里也夫娜要退休呢？大家都不理解。奇怪的是，这位女教师连多工作一天都不愿意，恰好当她在学校工作满二十五年的那天离开工作。阿娜斯塔西娅·格里哥里也夫娜本人对我们这些当时还年轻的教师作了告别讲话，消除了所有的疑问。她说："亲爱的朋友们，我离开是因为学校工作不是我喜爱的事业。我在这个工作中得不到满足，它没有给我任何乐趣。这是不幸，是我生活中的悲剧。每天都盼望着课快些结束，喧哗声快些消失，可以一人独处。你们感到惊讶，一个四十五岁的妇女就离开了工作，而她的健康还很好。不，我的健康不好，已经受了内伤。受内伤是因为，工作没有给我乐趣。我的心脏病很重。劝告你们，年轻人，自己检验一下，如果工作没有给你们乐趣，那就离开学校，在生活中正确地判断自己，找一个心爱的职业。否则，工作时期你们将会感到痛苦。"

苏霍姆林斯基笔下的这位教师，因为在工作中没有找到乐趣，所以年纪轻轻就离开了工作岗位，这给当时也是青年教师的苏霍姆林斯基以很大的震撼。也许与这个故事有关，在苏霍姆林斯基的著作中，到处可见教育素养方面的论述和教导。可见，教育素养与教师的工作兴趣及成败关系甚大。

苏霍姆林斯基认为，教育素养最重要的内容，是教师对自己所教的学科要有深刻的认知，要能够分辨清楚所教学科的最复杂的问题，能够分辨清楚那些处于科学思想最前沿的问题。他认为，对教师来说，关于学校教学大纲的知识应当只是他知识视野中的起码常识。只有当教师的知识视野比学校教学大纲宽广得无可比拟的时候，他才能成为教育过程中真正的能手、艺术家和诗人。

关于教师人格的重要意义，苏霍姆林斯基认为："教师的人格是进行教育的基石。教师工作中所实施的一切——观点、信念、理想、世界观、兴趣、爱好等等的形成，都在教师的人格这个焦点上汇合。社会上各种政治的、道德的、审美的思想、真理和观点，都会在教师身上反映出来。而所有这一切，又都将通过教师的个人世界反映在学生身上，并在学生身上得到更高基础上的再现。教师应当在他的学生身上再现的最主要的东西是他的理想。"苏霍姆林斯基认为，教师人格的内涵，更重要的是培养对真理的态度："如果学生对真理没有鲜明的态度（或者更确切地说，只有冷淡的态度），那么他就不能真正受到教育，而只能成为书呆子。知识在他意识的表面滑过去，并没有进入他的心灵。"而学生对真理的态度，在很大程度上取决于教师对真理的态度。

苏霍姆林斯基还十分重视师生交往，在师生的共同活动中让学生受到教师人格之光的烛照；同时，对于师生交往的要义，苏霍姆林斯基站在一个比较高的点上。"教师做学生的朋友。这意思并不只是跟他们一起到树林里去，坐在篝火旁吃烤土豆。那只是教育者跟学生的最简单的接触。如果教师身上找不到别的更丰富的东西来，那末光靠一起吃土豆是办不了大事的。因为学生特别是少年很快就会察觉你的意图是虚假的。而友谊应当有牢固的基础，我指的首先是思想上和智力活动上的广泛的共同兴趣。"他认为，师生交往，教师身上应该有一种能吸引学生的东西，能在思想、智力活动中和学生产生广泛的共同兴趣，而不是为活动而活动，教师应该投身于活动之中。

在苏霍姆林斯基看来，教师还应该是个热爱学习、对教学艺术孜孜以求的人："如果你想成为学生爱戴的教师，那你就要努力做到使你的学生不断地在你身上有所发现。""你要像怕火一样地惧怕精神上的僵化。""教师上好一节课要做毕生准备。""年轻的朋友，我建议你每个月买三本书：（1）关于你所教的那门学科方面的科学问题的书；（2）关于可以作为青年们的学习榜样的那些人物的生活和斗争事迹的书；（3）关于人（特别是儿童、少年、男女青年）的心灵的书（即心理学方面的书）。"

此外，教师要培养爱孩子的感情，因为培养人，首先就要了解他的心灵，看到并感觉到他个人的世界。要学会幽默。"孩子们之所以热爱和尊敬快乐、不泄气、不悲观失望的教师，是因为孩子们自己是快乐的、具有幽默感的人。他们会从每一个举动中、每一件生活现象中看出很小一点儿可笑的事。善于无恶意地、怀着好心地嘲笑反面的东西，用笑话来支持和鼓励正面的东西，是一个好教师和好的学生集体的重要特征。"

你想成为一名职业素养深厚的教师吗？那么，请走近苏霍姆林斯基。

梁启超的教师观

说起梁启超，人们想到的往往是跟随康有为参加"公车上书"和"百日维新"、受到光绪皇帝召见的那位戊戌志士，也会想到曾在《时务报》《新民丛报》等阵地上笔走龙蛇、叱咤风云的启蒙思想巨子。但是，人们可能不会想到，梁启超还曾是一代名师，曾是一位卓有建树的伟大的教育家。

戊戌变法失败后，梁启超流亡海外，周游列国，辛亥革命后回国。从20世纪20年代开始，他就在北京大学、北京师范大学和东南大学讲学，并任清华国学研究院导师，成为"左有王国维、右有陈寅恪"的清华国学研究院"四大导师"之一。清华园里一时风云际会，蔚为杏坛壮观。

且看梁实秋笔下的先生梁启超的风采。

先生博闻强记，在笔写的讲稿之外，随时引证许多作品，大部分他都能背诵得出。有时候，他背诵到酣畅处，忽然记不起下文，他便用手指敲打他的秃头，敲几下之后，记忆力便又畅通，成本大套的背诵下去了。他敲头的时候，我们屏息以待，他记起来的时候，我们也跟着他欢喜。

先生的讲演，到紧张处，便成为表演。他真是手之舞之足之蹈之，有时掩面，有时顿足，有时狂笑，有时太息……

他讲得认真吃力，渴了便喝一口开水，掏出大块毛巾揩脸上的汗，不时地呼唤他坐在前排的儿子："思成，黑板擦擦！"梁思成便跳上台去把黑板擦干净。每次钟响，他讲不完，总要拖几分钟，然后他于掌声雷动中大摇大摆地徐徐步出教室。听众守在座位上，没有一个人敢先离席。（梁实秋《记梁任公先生的一次演讲》）

一位意气风发、激情澎湃的教师形象栩栩如生，呼之欲出。看得出来，处于晚年的梁启超颇为醉心于他的粉笔生涯。走上讲台的他非但没有丝毫人生失意之态，相反，书生本色未改，大师气象已成。清华讲坛，俨然成为他寻觅已久的"英雄用武之地"。这在今天许多视名利为人生要义、视官阶为人生价值的人看来，简直不可思议。然而，梁启超超然、灿然、坦然、恬然，一派自得其乐的样子。那么，是什么使这位一生奔波于世务的社会活动家此时息影校园且甘之如饴的呢？阅读梁启超这一时期的教育演讲和著作，我觉得这与他的教育观特别是教师观有关。

梁启超一生致力于社会变革，而晚年的亲执教鞭仍然与他的政治理想有关。因此，梁启超的教育观立足于未来，着眼于中国的富强和国民的思想进步，他把教育中国人做现代人、做新式的国民作为教育的宗旨。有人曾把他走上清华讲坛比作孔子晚年的收徒讲学，是典型的儒家风范，既可以兼济天下，又能随时从政治活动中抽身。"通过退而结网和著书立说，把自己业已逐渐成长起来的精神状态，刻画和表达出来，从而成就后世所谓的名山事业。"（刘东《晚年梁启超》）比较梁启超的青年和晚年哪个更辉煌不是本文的任务，也很难形成共识，但有一点可以肯定，梁启超的执教清华，显然可以被看作其实现政治理想的继续而不是中止。有了人生理想，有了责任心和神圣感，才会兢兢业业、孜孜不倦；如果只是把教职等同于其他"饭碗"，面对复杂的教学劳动怕是难以产生高昂的激情和热情的。

但是，这仅仅是问题的一个方面。教育工作毕竟十分辛苦和琐碎，如果仅有一腔热诚，缺少对教育事业的热爱尤其是工作乐趣，要想把工作做得很好，也是不大可能的。梁启超应该就是那种既深刻明白工作的意义和价值，又能从教学工作中寻觅到无穷乐趣的人。他认为，教育是一件乐趣无穷的事。乐趣之一是看着新生命成长，日新月异，如同看着花卉发芽、长叶、含蕾、开花一样，这是生命之乐。乐趣之二是可以得到情感回报，你有多少情分给他，他自然有多少情分给你，只有加多，断无减少，这是情感之乐。乐趣之三是教学合一，工作和学习合二为一，在教诲学生的同时，自己也得到了提高，这是学习之乐。

且看他在演讲（《教育家的自家园地》）中的夫子自道。

教育家特别便宜处，第一，快乐就藏在职业的本身，不必等到做完职业之后找别的事消遣才有快乐，所以能继续。第二，这种快乐任凭你尽量享用，不会生出后患，所以能彻底。第三，拿被教育人的快乐来助成自己的快乐，所以能圆满。乐哉教育！乐哉教育！

这段话说得很清楚，教师职业和其他职业最大的不同，是乐趣就在职业本身，而不必再去另寻乐趣。在《趣味教育与教育趣味》一文中，梁启超也说过类似的话。他说，教育本就是一件趣味无穷的事，之所以人们认为教育没有趣味，是因为有人摧残了教育的趣味。要进行趣味教育，就要让学生领会到学习的乐趣，不能摧残他们的学习趣味。梁启超认为摧残教育趣味的路有三条：头一件是注射式的教育，第二件是课目太多，第三件是拿教育的事项当手段。教法不当，学生就没有了学习积极性；学业负担太重，自然也少了趣味；教育观念有误，拿教育当功名利禄的"敲门砖"，那也会丧失教育趣味。要让学生体会趣味教育，教师自然要有教育趣味。教育趣味在哪？就在"学而不厌"和"诲人不倦"。梁启超说："人生在世数十年，终不能一刻不活动，别的活动，都不免常常陷在烦恼里头，独有好学和好诲人，真是可以无入而不自得，若真能在这里得了趣味，还会厌吗？还会倦吗？孔子又说：'知之者不如好之者，好之者不如乐之者。'诸君都是在教育界立身的人，我希望更从教育的可好可乐之点，切实体验，那么，不惟诸君本身得无限受用，我们全教育界也增加许多活气了。"

梁启超说这番话的时候，大约是在100年前。一个世纪之后的今天，我们的教育面貌翻天覆地，可我们教师的职业倦怠却似乎绕了一个圈又回到当年，教师摧残学生的学习趣味，觉得工作索然无味的现象屡见不鲜。课堂缺乏生机，学生负担过重，学业成为功名利禄的"敲门砖"，梁启超指出的摧残教育趣味的三条路现在一样不少。历史老人的蹒跚步履，真的是格外艰难哪！哪怕是向前一小步，也要付出极大的代价。

因此，重温梁启超先生当年的话，也就并不显得多余了。

陈寅恪和他的两个学生

　　人们都知道陈寅恪是 20 世纪中国的学术大师，却很少知道他也是一代名师。读了下面两则陈寅恪和他学生之间的道义佳话，相信没有人会不羡慕这位陈先生作为一名普通教师在教师职业上所获得的巨大成功和莫大荣耀。或许，你会啧啧称叹：为师若此，此生值了！

　　1967 年底，陈寅恪卧病在床。红卫兵要抬陈寅恪先生去大礼堂批斗，陈夫人知道虚弱的陈先生要是真的被拉出去，可能就很难保命回家了。于是她出面阻止，但被造反派狠狠地推倒在地。当时，陈寅恪先生在清华国学研究院的嫡传弟子、中山大学前历史系主任刘节教授挺身而出代替老师去挨斗。批斗会上，"小将"们对年过六十的刘节轮番辱骂、殴打，之后又问刘节有何感想，刘节昂起头，答："我能代替老师挨批斗，感到很光荣！"结果得到红卫兵们更加猛烈密集的拳头。（蒋天枢《陈寅恪先生编年事辑》）

　　记录这件事的作者、复旦大学的蒋天枢教授，也是陈寅恪早年在清华国学研究院的学生，师生之间同样演绎了一段情重如山的道义佳话。1949 年之后，师生两人虽然一个在广州，一个在上海，见面不多，但先生却充分信赖晚年只有两面之缘的学生蒋天枢，病榻上将编定的著作整理出版全权授予蒋天枢。学生蒋天枢也的确担当得起这份信赖。早在 1958 年，他在自己的《履历表》"主要社会关系"一栏中就曾这样写道："陈寅恪，69 岁，师生关系，无党派。生平最敬重之师长，常通信问业。此外，无重大社会关系，朋友很少，多久不通信。"其时，批判资产阶级史学权威的政治运动正如火如荼，蒋天枢在这种只会带来麻烦而不会有任何好处的"社会关系"中，丝毫不掩饰对老师陈寅恪的敬重之情，足见其为人之忠厚笃实。接受了恩师的"性命之托"之后，蒋天枢放弃了自己学术成果的整理，全力校订和编辑陈寅恪的遗稿，终于在1981年出版了300余万言的《陈寅恪文集》，基本保持了陈寅恪生前所编定的著作原貌。他还编撰了《陈寅恪先生编年事辑》，作为《陈寅恪文集》的附录出版。有人说，20世纪80年代陈寅恪在学术界异军突起、横空出世，与蒋天枢呕心沥血出版的这套《陈寅恪文集》干系甚大。（徐百柯《蒋天枢：师道的重量》，载《中国青年报》2005年7月6日）

　　仔细考量这两则故事中学生对恩师的态度，我总感到，学生敬重老师之处，学问之外，可能更重要的是其人品，或者说是其人格的魅力。刘节教授以"代老师挨斗"为自豪，自然有对"文革"时黄钟毁弃，瓦釜雷鸣的鄙夷不屑，但毋庸置疑的是，他对老师陈寅恪先生独立人格的仰慕和推崇，源于陈寅恪先生独特人格魅力的感召。同样，蒋天枢晚年倾尽心力，完成老师生前的"性命之托"，也不仅仅是为了传布老师的学问，内心深处还应该有一种道义担当和对老师人格魅力的钦敬仰慕。所以，刘节教授可以不顾自己的安危，蒋天枢教授可以不计个人的得失，萦系他们心怀的是如何不辜负老师，如何配得上做老师的学生。

　　岁月流逝，我们今天已无法得知陈先生当年在清华国学研究院时的教学事迹，我们现在没有必要也不太可能复制那种生死担当、性命相托的师生高义。我所关心的是，今天，我们应该如何当老师？我们是否可以从榜样陈寅恪那里学到一些教师职业成功的秘密？曾经听到一个并不全是戏言的黑色幽默：今天的老师，如果你每年的学生中有五个能回来看你，那么，你就是大师了！这么说，并不全是责备现在的学生薄情寡义，也不是为今天的教师做开脱，而是在表达一种现实：时代变迁，师生关系今非昔比，那种纯朴、醇厚的人情道义早已经被稀释殆尽，不再存在了。

　　当然，这里有现代社会的一种必然。现代社会追求的是契约和平等，师生关系也应以民主、平等、相互尊重为前提。从某种意义上说，这也是社会的一种进步。你很难想象，当年，双目失明的陈寅恪在家里和应约而来的学生蒋天枢谈话，恰好陈夫人不在身边，没有人招呼他，已目盲的陈寅恪也不在意，径直开始谈话，结果蒋天枢就一直毕恭毕敬地站在老师床边听着，几个钟头始终没有坐下。那年，蒋天枢已年过花甲，且也已经是复旦大学大名鼎鼎的教授了。这样的师道尊严显然不是我们今天所要提倡的。但是，为师者还应有为师者的追求，为生者也应有为生者的本分。譬如，在陈寅恪身上，那种对独立人格和自由思想的追求，那种对学术的执着和呕心沥血，那种对教师为人师表风范的秉持，尤其是那种对独立知识分子精神的坚持，今天仍然值得为师者学习。

近些年来，社会上强调得比较多的是师生平等和教学民主，这使得一些青年教师往往搞不清楚民主平等和为人师表之间的关系，而官方竟然也闹出"班主任有权批评学生"的笑话！我以为，平等主要是人格上的平等。教师不能歧视学生，不能不尊重学生，包括学习成绩不好的学生；但是，应该严格要求的时候还必须严格要求，既对学生严格要求，也对自己严格要求。这是教师对社会应尽的一份责任。以前我所教的班上有一名学生，在周记中对进城务工的农民工说三道四，说什么影响市容、扰乱秩序等，带有明显的歧视情绪。我当即在评语中给予严肃批评，并且请来谈话，耳提面命、正颜厉色，同时也动之以情，晓之以理，直说得这个高三学生点头称是。

作为教育者，我们应该培养什么样的人？当然不能仅仅培养"读过书的人"，而应努力培养富有社会责任感的现代知识分子。至少，也应该让他们成为有理想、有爱心、有追求、有正义感的人，而不是仅仅拿读书当作"敲门之砖"。而要做到这些，首要条件就是我们教师自身要有点知识分子的精神气息，哪怕只是被称为"孩子王"，也应有我们的一份责任在！

宗白华的人生散步

读宗白华的《美学散步》，总能联想到不少美学之外的东西。

这位美学巨子，在中国现当代美学界也算是赫赫有名的人物了。当年，宗白华和朱光潜、邓以蛰并称为"北大美学三杰"，共同奠定了北京大学美学学科的坚实基础。而在中国美学史上，宗白华的名字又是和朱光潜、李泽厚等美学大家联系在一起的。但是，因为宗先生的著述甚少，知道的人可能要少一些。对于宗白华美学的价值，李泽厚有过极高的评价，他说："宗白华先生的《美学散步》，我对它的评价很高。三十多年来对宗先生是不大公道的。好在宗先生有一个特点，他具有魏晋风度，不在乎。宗白华与朱光潜先生两个人，在我看来是不相上下的。但宗先生不大出名。讲朱光潜大家都知道，讲宗白华却很多人不知道。实际上宗先生的《美学散步》是会引起注意的。它讲了一些很好的东西，完全是从哲学角度讲的，是美学，不是文艺理论。"

宗先生最为著名的著作是《美学散步》。"散步"这个名字真好，不仅准确地勾勒出宗白华美学的风格特征，同时，也仿佛是他自己的人生写意。宗先生的一生，就是一种潇洒的散步人生！

宗白华说："散步是自由自在、无拘无束的行动，它的弱点是没有计划，没有系统。看重逻辑统一性的人会轻视它，讨厌它，但是西方建立逻辑学的大师亚里士多德的学派却唤做'散步学派'，可见散步和逻辑并不是绝对不相容的。中国古代一位影响不小的哲学家 —— 庄子，他好象整天是在山野里散步……""散步"体现了宗白华美学的独特特征。一方面是方法上的，另一方面是境界上的。方法，即不局限于抽象的思辨领域；境界，则是自由自在的。宗先生著述不多，但是学生盈门，桃李满天下。从学生的回忆文字里，能很清晰地看到宗白华先生在北大哲学系的分量和在中国美学史上的重量。他的学生，有好多成了著名的美学专家，譬如叶朗、林同华……如今名牌学府的很多美学教授都出自宗白华的门下，由此可见宗白华作为一代美学宗师的学术风范和广泛影响。

提起宗白华的人生散步，不由想起他在20世纪20年代任《学灯》杂志编辑时对郭沫若的慧眼识珠。其时，郭沫若正在日本留学，写的诗歌寄回国内总是如泥牛入海。宗白华以其敏锐的鉴赏力，发现了这位"未来的东方诗人"的诗歌天赋，连连为郭沫若发稿，有时甚至是一个整版。后来奠定郭沫若在现代文学史上崇高地位的诗集《女神》，其中大多数作品就是在《学灯》上面世的。郭沫若曾以为第一个为他发表诗作的是《学灯》的另一位编辑郭绍棠。宗白华呢？对此完全是一种豁达的学者胸怀。别人提起时，他总是微笑着不多言，其潇洒的人生态度于此可见一斑。郭沫若在了解真相之后，称宗白华为"我的钟子期"，高山流水遇知音，感恩之情溢于言表！

我总是觉得，基础教育领域的中小学教师，尤其应当学习宗白华散步人生的境界和风格，或者说，身为大学教师的宗白华似乎更应当成为中小学教师的职业榜样和人生楷模。"家有五斗粮，不当孩子王"这句老话，恐怕不仅是说中小学教师的待遇和地位不高，更多的还表明干这一行很难出人头地、有所作为。这当然是旧意识的偏见和局限。新时代的中小学教师，社会地位今非昔比，经济地位也在不断提高，但毋庸讳言的是，教师的工作对象和性质，决定了这个行当的从业者多是默默无闻、无私奉献，而很难轰轰烈烈、闪闪发光。传统语境中的教师形象往往被比喻为"春蚕""蜡烛"，近些年这些说法不断受到人们温婉的责难和善意的颠覆，其心良苦，其情可嘉。但从总体上说，如果剔除"忍辱负重""自我牺牲"之类道德主义苛求的含义，其象征的淡泊名利、甘为人梯、勤勉奉献、默默无闻的精神，事实上还是比较符合中小学教师职业特征的。换一种说法，如果缺乏这样的人生态度，就很难在中小学教师岗位上做出业绩，做成优秀。因为，我们毕竟是在和孩子打交道，是在和每一座学科大厦最最基础的知识打交道。这样说，丝毫没有轻视我们自身工作的意思，只是说，我们的这份工作，首先需要的就是这么一种默默奉献的职业情怀和职业态度。

明乎此，再来看看宗白华这位学术大师的境界，是不是很符合我们中小学教师的职业特征呢？首先，述而不作，或者说不多作（相对于很多学者的著作等身），教学远远重于科研。中小学教师的职业是教书，我们当然需要科研，尤其是要用科研的态度去教学、去工作，但写论文或专著毕竟不是我们的主业，更不可能是我们的强项。教师最重要的舞台是课堂，最重要的作品是学生，最重要的人际关系是师生关系。即使要科研，也是植根于自己的教育教学实践，致力于自己的教书育人感悟，说到底，科研是教育教学实践之后水到渠成的副产品。其次，奖掖新人，甘当人梯。宗白华明明是郭沫若的人生伯乐，甚至可以说没有他就没有郭沫若，但是，人前人后，他却从不以此自矜自辩，一派豁然通达，光风霁月。中小学教师也是这样。在孩子的人生起步阶段，教师为他们的付出岂止在课堂？岂止是书本的学习？那种心灵交往过程中的点点滴滴，其实根本无法言说，也无需言说。当小树长成参天大树时，当桃李遍布天下时，教师根本不需要也不可能记得，自己曾在哪个清晨、哪个傍晚浇水施肥。这就是本分，就是职责，如同作为编辑的宗白华要奖掖文学新人而无需新人记得他的名字一样。

其实，说到底，我们需要学习的，是宗白华先生那种人生如散步的潇洒的生活态度以及淡泊名利的诗意人生。宗白华一生酷爱散步，留在北大学生印象中的宗白华先生，是一位总是在未名湖畔拄杖独行的老人。宗白华的人生也如散步。年轻时的宗白华是一位有影响的诗人，后来不写诗了，诗人的气质和情怀却相伴一生。他热爱艺术，总是兴致勃勃地看各种展览，绘画、书法、文物、陶瓷……散步是随意的、轻松自由的、无功利的，也是审美的，宗白华先生就是以一种审美的态度去看待人生的，这种人生态度甚至影响到了他的学术研究。他的美学著作写得优美生动，他的翻译作品也是用优美的文笔去捕捉大师们笔下特有的神韵，而不以字义的准确为满足。散步风格，可以说贯穿于宗白华的生活、学术和人生。由此想到我们自己。生活在现代社会，红尘滚滚，攘攘熙熙，如果和社会上的各色人等攀比，中小学教师的确一无所长：和官员比权利，比不了；和老总比待遇，比不了；和明星比荣耀，比不了；甚至和普通工作人员比轻松，也比不了……如果这样比下去，我们势必对工作充满牢骚，势必对职业失去兴趣，也势必无缘教师的职业幸福。但是，我们有我们的事业追求，我们有我们的工作乐趣，我们在职业旅途中有我们自己看不尽的风景，我们有我们的成功和属于我们的职业幸福。我们会永葆一颗童心，让自己永远年轻；我们会沉醉于课堂，常怀有流连忘返的诗意；我们只要打开心扉，就可以聆听生命花开和拔节的优美声音……这些，别人没法和我们比。如果换一个角度，换一种思路，换一种态度和理念，我们就可以把我们的工作做得轻松些、超脱些、审美些，会发现我们的生活也可以充满阳光和诗意。这样说，绝不是阿Q精神，绝不是鸵鸟主义，而是职业赋予我们的必然选择和特殊品格。

　　宗白华是一位美学大师，我们不是；但是只要我们愿意，只要我们拥有宗白华那样的心境和态度，我们就会发现另一个领域的美，那就是人的成长和发展之美。

春风沂水咏而归

这是一个著名的教育经典，却也是众说纷纭、令人莫衷一是的一笔陈年旧账。典出《论语·先进》：

【原文】曰："莫春者，春服既成，冠者五六人，童子六七人，浴乎沂，风乎舞雩，咏而归。"夫子喟然叹曰："吾与点也。"

【译文】曾皙说："暮春时节，春装做好了，和五六个青年、六七个少年，在沂水中洗澡游泳，在祭坛下吹风乘凉，然后唱着歌归来。"孔子叹口气说："我赞赏曾点的志向。"

这便是千百年来一直为人们津津乐道的教育故事 —— "春风沂水"。故事的主角是孔子和他的学生。

宋人朱熹给予曾皙极高评价："曾点之学……而其胸次悠然，直与天地万物上下同流，各得其所之妙，隐然自见于言外。"理学大师从中看到的是一种生生不息的生命元气，是自然与生命达到高度和谐的美好境界。甚至有人说这是孔子心目中至淳至美的"大同世界"的极乐图景。清人张履祥更是认为："四子侍坐，固各言其志，然于治道亦有次第。"初时战火连绵，饿殍遍野，需要子路那样的勇者戡乱；然后是冉有使之富足；再后是公孙赤来实施教化；在此基础上，曾皙的"春风沂水"便是儒家理想世界的生动写照了。于是，"春风沂水"的诗意世界，不仅委婉曲折地表达出曾皙的个人志趣，更是寄托着两千年中国士大夫家国情怀的共通心境和人生理想。

也有人提出不同的见解，认为曾皙所描绘的暮春郊游景象，不过是一种超然世外、安贫乐道的隐者生活，抒发的当是清静无为、顺其自然的道家理想和与世无争、恬然自得的隐逸情怀；而孔子"吾与点也"的"喟然之叹"，应当是他晚年时明知自己的主张不可行于世而想"独善其身"的表现。孔子和曾皙的共同志趣是于世淡漠，向往恬然自得的生活，这是孔子周游列国理想遭挫之后对政治失望的情绪反映。

究竟是表达太平世界的儒家理想，还是发泄碰壁之后的沮丧情绪？本文无意也无力做出评判，"仁者见仁，智者见智"也不失为对待古典的一种方法。况且上述两种解读都没有还原到特定的教育场景，而更多地把教育事件引申到社会政治层面做了一番微言大义的"诗教"式解释。本文的旨趣是纯粹从教育学角度出发，把孔子还原为一个普普通通的教书先生，把曾皙等人还原为平平常常的几个学生，把这场对话还原为一次例行的主题班会……不过，我还得说，这的确是一个值得我们学习借鉴、探讨辨析的教育经典。

首先，这堂班会课高度凸显了学生的主体地位。孔老师没有唱"独角戏"，也没有搞"一言堂"，而是充分发扬民主，让大家畅所欲言。他一开头就说："我不过大你们几岁，不要顾虑我是老师。你们平常总说'没有人了解我'，那么，今天我就给你们一个机会，谈谈如果有人了解你，你都想干些什么事情。"你看，这位班主任老师是不是循循善诱、和蔼可亲？

其次，孔老师具有很高的教育素养，懂得教育的艺术。面对性格直率、雄心勃勃的子路，孔老师虽然对他的不够谦逊不以为然，却并不当头棒喝，也不劈头盖脸，甚至连一个简单的否定都没有表示，只是微微一笑；自然，在这微微一笑中，熟悉老师神情的学生应该能明白老师的态度。对后面发言的谦恭有礼但信心不足的冉有和公孙赤，孔老师虽然也不甚赞成他们的观点，却并没有流露出一点儿态度，为他们留足了面子。而当曾皙说出自己的人生理想之后，孔老师喜形于色，声情并茂，喟然叹曰："吾与点也。"欣赏、赞叹、褒扬之情毕露，一点儿也不含蓄，一点儿也不折中，一"喟"一"叹"，当机立断、酣畅淋漓地予以一番褒扬。你看，因材施教的教育艺术多么高超，教师的情感、态度、价值观又是多么鲜明！

再次，孔老师的课堂氛围相当自由宽松。当子路等同学率先发言时，孔老师并没有要求大家聚精会神，毕恭毕敬，专心致志，心无旁骛，而是宽松自由，想干什么就干什么。你看，曾皙"鼓瑟希，铿尔，舍瑟而作"，别人发言时他在轻轻弹瑟，轮到自己发言时才舍瑟而作。没有见到孔老师有什么批评的意思，可见学生在他的课堂上是可以根据自己的兴趣爱好自由安排活动的。

最后，那个两千年来赢得无数硕学大儒折腰赞叹的"春风沂水"，如果我们不按照儒家教义做过多阐释发挥的话，或许，本就是孔子心中的一种教育理想和境界。《论语》有云："智者乐水，仁者乐山。"这是一个著名的美学判断。古人认为，"水"具有川流不息的"动"的特点，这同"捷于应对，敏于事功"的智者有相似之处，因而智者喜欢水；"山"具有阔大宽厚、岿然不动的"静"的特点，这同"宽厚得众，稳健沉着"的仁者有相似之处，因而仁者喜欢山。"山水也是一种乳汁。"学习不必完全发生在教室里，出来走走吧！暮春三月，沂水清清，看看水、登登山、唱唱歌，其乐融融，让孩子们的眉宇间添些聪慧和灵气，让他们的性情变得豪爽，胸怀变得宽阔，多好的教育境界！这是孔子的原意吗？不知道。但这种境界一定符合孔子和儒家的教育理想。孔子和儒家思想非常重视艺术审美教育，非常重视从大自然中获得人生快乐，重视追求人生审美境界，在读书、交友、游览中寻求人生之乐，而对功利则不是十分看重。"学而时习之，不亦说乎？有朋自远方来，不亦乐乎？人不知而不愠，不亦君子乎？""一箪食，一瓢饮，在陋巷，人不堪其忧，回也不改其乐。""知之者不如好之者，好之者不如乐之者。"看来，赋予学习过多、过重的世俗功利，并非孔子教育思想的本来面目。原来是后人背离了我们教育祖师爷的教育信条！

那么，我们有可能离这个美好的教育境界更近一些吗？

河汾之风，山高水长

这是一个同样著名的教育经典。故事的主人公也是一位千古名师，可惜，他远不如孔子那么家喻户晓，当然也没有孔子那样显赫的声名。但是，历史是公正的。成语"河汾门下"可以算作一个佐证。

河汾门下：河者，黄河也；汾者，汾水也。河汾门下常用以比喻名师门下人才济济或人才辈出。隋朝末年，大儒王通不想谋一官半职，决定把自己的学问传授他人，便在河汾之间设帐授学。他的教育方法十分独特，很多人都慕名而来求学。房玄龄、魏征、李靖、薛收等都是他的门徒，而这些人都是唐初的功臣，时称"河汾门下"。

其实，这个成语背后的故事远远不是如此简单，那是一曲令人扼腕的人生悲歌，主人公在这世上只度过了短短三十几个春秋。王通（584年—617年），字仲淹，谥号文中子，隋朝河东郡龙门县通化镇人。出身官宦世家，父王隆，以学术见长，曾为国子博士。王通从小受家学熏陶，精习五经，传说他15岁时便开始从事教学活动，18岁时又游历访学，刻苦读书，学问大有长进。隋文帝仁寿三年（603年）考中秀才后西游长安，见隋文帝，奏上《太平十二策》，深得文帝赞赏，但下议公卿时却被冷落排挤，遂赋《东征之歌》而归。王通亲见隋政已坏，不可救药，因此隋室四度征召，始终守道不仕，躬耕自养。隐居河汾十余年间，续修六经，讲学授业，门下弟子一时号称千人，时人因此将其视为孔子一般的人物，他讲学的那条溪也被称为"王孔子溪"。因为他读书、教书的地方临近河汾，后人便称此为"教授河汾"，也称王通的学问思想为"河汾之学"。隋炀帝大业十三年（617年）五月十五日甲子，王通病逝，终年33岁。门人考行，取《周易》"黄裳元吉，文在中也"之意，谥之为文中子。

　　今天，面对这位文中子的教育伟绩和人生际遇，思绪翻卷，感慨万端，想说的话太多，一时竟不知从何说起。设帐收徒不是王通的人生第一志愿，他平生的志向是澄清天下，济世安邦，只是在仕途碰壁、亲睹政治昏暗之后才转向培养人才。他虽一生不仕，却心忧天下，这从他的讲学内容就可看出。面对隋末暴政，他特别提出了先秦儒家的革命思想，不仅对此大力表彰，而且准备亲自担当使天下有道的时代使命。不过，天妒英才，王通的生命之旅太过短暂。就在他离世的同一天，李渊于太原兴兵起义。时也，命也？不过，王通的未竟事业，毕竟由他的弟子来实现了，河汾门人多为盛唐栋梁，魏征、薛收等唐代开国功臣均出其门下，房玄龄、李靖、李密等都曾向其问学请益，受其影响。贞观年间，房玄龄为尚书左仆射，杜如晦为右仆射，杜淹为御史大夫，魏征先为尚书右丞后又执掌门下省。因此前人曾说"贞观之治"全出于河汾门墙。为师若此，应该说王通可以含笑九泉了。

　　由王通的故事自然引出一个无法绕过的话题，那就是教师的历史使命和文化责任。不同时代的教师有不同的担当。但是，为往圣继绝学、为生民开太平的文化使命，却是任何时代的教师都应该具有的历史责任。"河汾之学"之所以能对后来的"贞观之治"产生直接而重大的影响，显然与王通自觉地担当起继往开来的历史使命有着密切的关系。据有关资料记载，王通在传布和阐发儒学道统、注重道德伦理建设、建设教材及改进教法等方面做出了许多重大的贡献和努力。他认为一个国家的兴衰要依靠各种人才，有了合格的人才，王道才能昌明，儒学才能振兴。因此，王通在教学中以明"王佐之道"为己任，分门别类，着意培养辅佐国家所需的各类治理人才，希望通过自己的教育活动，能在社会动荡和儒学衰败之后重振孔学，为儒学在隋唐之际的恢复与发展做充分的思想和舆论准备。可以说，正是因为有了王通自觉而清醒的历史担当，才会出现"唐源流出于河汾"（邓小军《河汾之学与贞观之治的关系》）这样丰盛的教育成果。

　　历史和现实不能做简单的类比。但是，今天是昨天的继续，也是明天的历史。我们当然不能指望今天的教师都有王通一样的抱负以及成就，那是一种特定历史条件和时代机遇的产物，时势造英雄，没有王通，唐代的崛起也必将产生一批各领风骚的人物。但是，历史也从不否认杰出人物的特殊作用，没有王通穷毕生精力潜心打造的一批治国能臣，"贞观之治"是否会如期而至，是否能创造如此辉煌，也是需要打一个大大的问号的。历史发展具有必然趋势，而发展过程却常常充满偶然。这种充满偶然的历史进程，就为人的活动留下了巨大的空间。诚然，现代意义上的学校教育已完全不同于古代的"私学"，教师个体对学生的影响已大大降低。统一的教材、多元的信息、授课的体制、细分的学科……诸多因素都使今天的教师更像流水线上的"工匠"，而不再是古代学校里那种传道、授业、解惑的至尊"师者"。但是，我们不能否认，今天的教师尤其是中小学教师，他们的教育思想、价值理念、处世方式以及由此产生的种种具体教育行为，对正处在成长期的孩子来说，仍然会产生巨大而深远的影响。尤其在社会正发生深刻转型、各种观念急剧碰撞的今天，理想、道德、操守、品质，这些概念会经常出现在我们的课堂上吗？正直、诚实、守信、勤劳，这些品质会成为我们教育孩子的基本准则吗？公平、正义、法治、民主，这些观念会不断贯穿于我们的教育活动中吗？博爱、理性、民族、人类，这些思想会成为我们评判事物的价值尺度吗？如果不会，我们拿什么去回答学生心中的一个个疑问？我们的孩子又将如何去面对社会上的种种现象，如何去面向世界、走向未来？

　　说实话，提出这样的问题，对我们今天的教师来说，有点苛求但绝非没有必要。我们的压力太大了，待遇的低微、事务的繁杂、升学率的重负，都让我们中小学教师身心俱疲。但是，谁让我们选择了教师这一特殊的行当呢？教育，从来就是和国运连在一起的。换一个角度说，当我们思考这些看似凌虚其实离我们的教育生活很近的问题时，我们没准会有一种从匍匐在地的姿势直起腰来仰望星空的轻松和惬意呢！记得在一次"教育沙龙"中，一位在班主任工作方面颇有建树的老师兴致勃勃地讲述了她的学生中曾经出过两位全国学联领导人的故事，那言谈举止，那神情态度，充溢着骄傲和幸福。不过，我并不认为只有培养出这样优秀的学生才是教师的成功。学生成为怎样的人才难以预期，但只要学生善良、有爱心、有责任感，能为社会做出力所能及的贡献，即便只成为普通劳动者，对教师而言也是成功。关键在于，在中小学这一人生成长的特殊阶段，我们当教师的，在品质修养、心理人格、人生价值、社会责任等诸多紧要的问题上，是否像文中子那样，给予过学生有益有力的启发、引导、帮助和足够的影响？在今天的历史条件下，我们是否具有为现代社会培养合格公民的责任感和使命感？

冠盖满京华　斯人独憔悴

被湮没的大师

赵宋光，当代中国音乐界一个如雷贯耳的名字！

这位曾在五年间读了北京大学、中央音乐学院、柏林音乐高等学校三所顶级大学的高材生，曾担任星海音乐学院院长、广东省音乐家协会主席、中国音乐美学学会会长、全国旋律学研究会会长、《中国大百科全书·音乐舞蹈卷》编辑委员会副主任等众多学术职务的音乐学者，其出版于1964年的音乐专著《论五度相生调式体系》对中国传统戏曲与民歌的调式进行了全面梳理，主要观点至今无人超越；完成于1962年的音乐理论名篇《试论音乐艺术的形象性》，还没有发表便以油印稿的形式被作为批判的反面材料——此文在中国音乐研究所档案室沉寂了16年之后，价值终于获得承认，被学界誉为20世纪中叶出现的"一篇真正达到了美学高度的专论"，是中国音乐美学史上的一个里程碑！

2011年11月，赵宋光八十华诞庆典在广州举行。在同时举行的学术思想研讨会上，音乐学界的专家、学者对赵宋光的音乐成就给予了高度评价。也是在这次庆典上，赵宋光的传记《耀世孤火：赵宋光中华音乐思想立美之旅》举行了首发式。

作为当代中国音乐史上一位绕不过去的大师级人物，在音乐艺术之外，赵宋光涉足过的研究领域还有宗教、哲学、社会学、经济学、数学、天文学、水利学、工程学等。尤其不为人知的是，在幼儿和小学数学领域，赵先生孜孜矻矻进行了20年的综合构建数学教学实验，其课题研究成果曾得到高度评价。1993 年 5 月，赵宋光主持的国家教委重点科研课题"综合构建教育新体系的研究与实验"通过专家鉴定。专家们认为："该项研究的理论构思和设计思想是建立在当今国内外哲学、教育学、心理学、美学等学科前沿的研究成果基础上，结合我国基础教育的实际，提出了受教育者主体自我构建的教育思想……这一思想具有创造性和合理性，有些观点孕育着教育科学理论重大突破的可能性，尤其是对改变长期以来不重视研究教育对象的现象，具有重要的推动作用。""该体系教学法解决了高难内容的幼儿化、游戏化、操作化问题。从根本上改革幼儿教育，为建立 21 世纪的教育模式提供了蓝本。"与此相联系的是，赵宋光在教育美学学术研究领域，有自己的一系列理论构建和独特话语，他的教学实验以"操作领先，言语镶嵌"为原则，以扎实的理论研究成果作为学术支撑，独树一帜，别开生面，可谓开创了教育美学的崭新境界。所谓宗师，是指能够推陈出新、自立门户，甚或是容纳百家，自己创建出一个全新理论系统，即有能力开宗立派的大师级人物。赵宋光，就是这样的一代教育美学宗师。

然而，赵宋光的教育学家身份远没有其音乐家的身份来得显赫和辉煌。他的教学实验，至今仍停留在幼儿教育阶段，没有回到他实验的起步领域 —— 小学教育，他的教育美学理论构建也远没有引起学界重视。笔者多年来一直留意教育美学，对国内教育美学诸家大致心中有数，但是在很长一段时间内，对赵宋光的认识，也仅止于他的那一篇重要论文《论美育的功能》（上海文艺出版社和中国社会科学院美学研究所合编《美学》第 3 辑，1981年）。直到 21 世纪初，我读到了李泽厚写于 2003 年的《哲学自传》，才注意到这位神秘人物。李泽厚在《哲学自传》中写道：

> 在这里，我要提及赵宋光教授。赵是我大学时期的同学和好朋友。我们在 60 年代共同对人类起源进行过研究，我们对使用—制造工具的实践操作活动在产生人类和人类认识形式上起了主要作用，语言很重要但居于与动作交互作用的辅助地位等看法完全一致。我们二人共同商定了"人类学本体论"的哲学概念。70 年代以来，他日益走向幼儿数学教育中操作重要性的实证研究和非常具体的教学设计，而对康德、历史和中国哲学兴趣不大。我对他后来的发展十分重视并评价极高，因为我们都认为教育（不只是培养专业人才，而是注重人性建设）将是未来社会和哲学的中心，我的康德书和其他哲学论

文不断强调了这一点。（李泽厚《人类学历史本体论》，天津社会科学院出版社 2010 年 1 月版，第 366 页）

　　寥寥二百来字，其实包含了十分重要而丰富的信息。李泽厚先生在这里郑重其事，不仅点明两人非同寻常的关系，而且申明：两人曾共同研究过人类起源，诸多观点完全一致，并且共同商定了"人类学本体论"的哲学概念，同时他对赵后来的教育实践研究做出了高度评价。大凡熟悉李泽厚哲学思想的人都知道，他的哲学思想总纲就是"人类学历史本体论"，而其哲学、美学思想最重要的基石，就是人类使用—制造工具的实践活动。记得当初读到这段文字时，"赵宋光"三个字如烙印一般牢牢地刻在了我心上。之后，也是从李泽厚先生那里，我找到了赵宋光的联系方式，得以多次在电话里问学请教，并曾专程赴穗，两次登门拜访。在拜读了两卷本《赵宋光文集》以及传记《耀世孤火：赵宋光中华音乐思想立美之旅》之后，我对赵先生的学术人品和思想体系有了深入的了解，也为有这个难得的机缘结识赵宋光而深感庆幸。

　　谢嘉幸在《耀世孤火：赵宋光中华音乐思想立美之旅》序中这样写道：

　　在如今已经少有"大师"的社会里，我们是否可以大声疾呼：至少我们还有赵宋光！

　　"夫子言之，于我心有戚戚焉！"赵宋光，一位被岁月湮没的大师！有已经出版的《赵宋光文集》第一、第二卷为证！更有其珍藏在星海音乐学院档案室中的大量手稿为证！如今，赵宋光仍在他的学术世界里叩问和探索着，他那包含着宏大的思想叙事和理性的思辨逻辑的研究成果，自己说要到 99 岁的时候才发表："时间我已经定了，要等到 2030 年发表。"

　　这是何等的人生自信，何等的学术自信！

立美育人

　　赵宋光教育美学思想的一个核心概念就是立美育人，这集中体现于他的经典论文《论美育的功能》之中。

　　什么是"立美育人"？在《论美育的功能》中，赵宋光开宗明义：

美育远不仅是艺术教育，它有最重要的基础部分，关系到引导受教育者主动建立美的形式。建立美的形式的教育活动，是人类"按照美的规律来塑造形体"的宏伟历史在教育领域中的缩影，我称之为立美教育。（《赵宋光文集》第一卷，花城出版社 2001 年版，第 167 页）

赵宋光的立美教育思想对之前的所有美育思想都是一个重大突破。在赵宋光之前，所谓美育，就是艺术教育，就是让受教育者在艺术活动中受到感染、熏陶，接受美的影响。这固然也是很重要的美育形式与方式，但是，赵宋光的思考远不止于此。他要在教育活动中建立美的形式，让受教育者在美的形式的建立过程中，实现按照美的规律来塑造自己的宏伟使命。在赵宋光看来，按照马克思的理论，人类必须按照美的规律才能成功地进行生产，要成功地进行教育也必须遵循美的规律，而要遵循美的规律，就离不开美的形式。他说：

无论智育、德育、体育中的哪个方面，教育过程中所建立的形式，都会碰到一个美不美的问题。这问题也就是，这形式能不能把认识规律（真）与造福社会（善）统一起来，和谐地结为一体。没有立美的活动，智育、德育、体育都不能收到应有的成效。由于这个缘故，立美教育是各育的良好形式中必不可少的组成因素。在各育交融以培育完美人格的活动中（例如，综合技术教育或生产劳动教育中，委托性社会工作中，课外小组活动或集体游艺活动中），立美教育就处于协调各方的地位。（《赵宋光文集》第一卷，花城出版社 2001 年版，第 167 页）

赵宋光立美教育思想的方法，可分两个方面。一方面是在主体操作方面建立理性形式，即在能动方面立美。教学中要为学生的行为建立合规律的形式，赵宋光所着力研究的数学教学，就是从"操作完形"入手的。教育过程所建立的核心就在于这理性操作形式。而这种主体活动的合规律形式，总有这样的力量——化客观规律性为主观能动性；同时，这个过程也促进了受教育者理性行为的发育。这种方法，赵宋光谓之"理性操作"，也可以称之为"以美引真"——

以美引真的方法表现在教学程序上是"形式超前"，这一设计思想的主旨在于侧重发展主体的理性操作能力。每当学生能够以直观的想象或简单的形式解某一类型的题之后，总是要求他通过某种精心设计好的形式化途径或较高深形式来重新解这样的题，以此为他开拓出形式化理性操作的领域。这不仅可以加重学生的智力负荷以锻炼其智力，更重要的是让他及早熟悉较高深的形式化运算，以后只要通过他所熟悉地掌握了的高深形式，就能顺利地迁移于陌生的情境，消化高深的内容。（《赵宋光文集》第一卷，花城出版社2001年版，第189页）

立美教育思想的另一个方面，是讲外化方面的立美，即操作对象化形式的建立。可以采取图像的形式，也可以采取符号格局的形式，前者具体，后者抽象。赵宋光谓之"理性直观"。关于"理性直观"的功能，赵宋光说：

（图像形式的直观）是一种观照，这时观看者能够在图的感性形式中看到理性的结构，这对培育一个有良好观察力、理解力、想象力和独立思考能力的人格，是不可缺少的。

（符号格局形式的直观）不同于前一类之处在于，视觉所面对的并非图像而是数字、字母、文字等各种符号，但大脑能从各符号之间的关系（方位、结合、秩序等）中想到该做什么样的运算动作……由于洞察力、准确度和机敏性，这类理性直观在教学中显示的力量（也是美的力量）十分惊人……（《赵宋光文集》第一卷，花城出版社2001年版，第191页）

赵宋光这种用美的形式开展立美教育的思想核心，是认为儿童接受教育的过程和人类精神发展的过程有相似之处。这是符合人的成长和发展规律的。我们常说教育要遵循规律。什么是教育规律？教育规律就是人的成长和发展规律。违背人的成长和发展规律，就无教育规律可言。那么，赵宋光的这一独特思想又是从哪儿来的呢？

北京大学、燕京大学深厚的人文底蕴，日耳曼民族理性的思维方式，极好的智慧与情商，几十年曲折的人生境遇，都是赵宋光这一思想的成因。1950年代后期，赵宋光曾有过一段深入阅读的过程。《儿童心理发展概论》等一批从苏联翻译过来的关于认识论的心理学著作，奠定了赵宋光对教育学、心理学的一些认识基础。1960年代初，他又认真攻读了列宁的《哲学笔记》和黑格尔的《小逻辑》，这使他的思想有了质的飞跃。

而此时，正是赵宋光的人生黑暗时期！因为有留学海外的经历，他虽然没有被打成右派，却被迫退党，并且被中央音乐学院人事处列到编制之外，随即被调到中国音乐研究所去做研究工作。正是在这样的人生逆境中，赵宋光开始了他的思想探索历程。打击他的人自我标榜为"马列主义者"，他就到马克思原著中去寻找什么是真正的马克思主义。紧接着，赵宋光又阅读了马克思的《资本论》以及《1844年经济学哲学手稿》。他说："看了这些以后，我的思想就有了一个突然的变化。"

赵宋光这段时间的思想发展，是和另一位赫赫有名的人物，当时已在美学界崭露头角、卓然成家，日后成为著名哲学家、思想家的李泽厚联系在一起的。李泽厚和赵宋光是北大哲学系同学，虽然相处时间不长，只有一年多，但是两人却结下了长达大半个世纪的友谊。从北京大学转到燕京大学（1952年初，燕京大学音乐学院并入当时在天津的中央音乐学院）的赵宋光常回来看望李泽厚。赵宋光从天津回北京之后，两个年轻人几乎每个星期天都聚在一起，沉浸在哲学的冥想和争辩之中。正是因为有了酷爱哲学的朋友李泽厚的推动，已经淡出哲学领域、投身音乐艺术研究的赵宋光才继续思考一些哲学问题。两人有着共同的哲学兴趣、共同的阅读经验，对人类起源问题进行了深入广泛的探讨。这段经历对两人以后的事业发展和人生走向产生了重大影响。

这段时期关于人类起源的探索，两人都有自己的成果。《赵宋光文集》收录一篇论文《论从猿到人的过渡期》，发表于《古脊椎动物与古人类》杂志1976年第12卷第2期，署名"方耀"。《李泽厚哲学美学文选》收录一篇《试论人类起源（提纲）》（此文为1964年写成的研究提纲，1974年略改）。

人类起源于劳动，尤其是制造和使用工具的劳动。在这个过程中，人类发展了思维，发展了语言，成为具有主体特征从而和古猿相揖别的新的族类。这是李泽厚和赵宋光通过讨论得出的共同结论。

历史常常有惊人的相似之处。如同马克思、恩格斯珠联璧合，创立了揭示经济和社会发展规律的马克思主义学说，如同第谷和开普勒亲密合作，发现了开普勒三定律，如同高斯和韦伯相互影响，成就了数学王子和物理大家，1960年代初李泽厚和赵宋光的两人哲学沙龙——对人类起源问题的探讨，也为两人今后的学术起飞铺就了一条坚实的跑道。不同的是，李泽厚继续沿着他的美学之路，走向历史和人性深处，构筑起一座金碧辉煌的哲学思想大厦——人类学历史本体论，走进哲学史，走上世界学术的前沿舞台；赵宋光则一头扎进他心爱的音乐世界，走进教育学、心理学理论，走进幼儿园、小学课堂，开始了基于教育立美理论的教育改革实验。

综合构建幼儿数学实验

1966 年，"文化大革命"来了。赵宋光作为"反动学术权威"被抓了起来，在劳改队里扫厕所。大概没抓到什么把柄，1967 年初，刚扫了没几天厕所的赵宋光就被放了出来。此时，别人忙着造反夺权，赵宋光却成了逍遥派。前些年对教育学、心理学和哲学著作的大量阅读积累，让赵宋光把目光投向了小学教育研究。他依据自己对人类思维发展的理解，不是从概念开始，而是从操作入手，研究小学数学教学方法。

1983 年下半年，赵宋光把教学实验阵地转移到了幼儿园。他认为，在小学阶段可以学习初中的东西，那么在幼儿园也可以学习小学的东西。1984 年，中共中央组织部调在音乐教育方面早已声名鹊起的赵宋光到广州工作，让他担任广州音乐学院（后更名为星海音乐学院）院长。于是，他的实验阵地又从北京移到了广州，并形成了自己的实验团队。赵宋光提出了一个响亮的口号：潜水二十年！二十年来，他的核心团队一直在默默耕耘着。

那么，这个令赵宋光三十多年孜孜不倦的教学实验，到底是怎样的呢？赵宋光的教学实验，全名叫"综合构建教育新体系的研究与实验"，1993 年课题第一阶段成果通过国家教委专家组鉴定。小学和幼儿园数学教学，是其中的主要内容。目前主要在幼儿园推广。

这个实验的教学原则，叫"操作领先，言语镶嵌"：

操作，就是以动手来带动全身肢体驾驭学具的活动；言语，就是以动口表达来运用语言带动思维的活动。综合构建教学法认为，操作应当处在领先地位，言语应当紧跟着操作，同操作密切镶嵌，互相结合。（《赵宋光文集》第一卷，花城出版社 2001 年版，第 234 页）

举例来说，为了教会孩子"一加一等于二，二减一等于一"，老师设计了一个"双盾牌"游戏，教幼儿同时伸出双手食指来演示，参与游戏，并在演示和游戏过程中说出这句话。由于有了"操作领先",又让言语活动镶嵌其间,孩子们不但懂得了这话的意义,而且玩得兴味盎然。幼儿的智能结构就在这样的主动活动中得到了构建。

在赵宋光的小学、幼儿数学教学实验中,设计教具,让儿童动手操作,配以提炼出来的言语口诀,是最为重要的核心要素。其内在逻辑就是要让儿童在实践和言语活动中发展思维,掌握规律,促进认识器官的理性发育。所以,实验过程中的操作,叫作"理性操作"。赵宋光认为,每个幼儿要靠自己的主动活动来构建自己的理性认识器官。构建的动力,必须来自个体。在教学游戏活动中,必须让孩子做玩具或学具的主人,千方百计从孩子的身心内部把活力调动出来,唤起孩子的好奇心、兴趣、好动的天性、表现欲、表达欲、好胜心、自信心……让幼儿不断地体验到做玩具或学具主人的自由感和成功感。这个学习过程,正是重复了人类发展进化的过程,符合人的成长发展规律,符合美的规律。这一思想对培养、激发孩子的学习积极性,促进孩子心智发展、人格健全,无疑具有极其重大的意义。

其次,就是教学者要用各种精心设计出来的范式,以直观可感的形式影响和感染孩子,赵宋光谓之"理性直观"。这种理性直观,用赵宋光的话来说,必须是"范式取自人类"。所谓"范式取自人类",就是在智能游戏活动中所用的材料,例如说出来的语词,看得见的数字、符号、文字,都是人类时代积累的文化成果,都是美的形式。有了这种"理性直观"的观照,学习者不仅可以极大地提升学习效果,还可以受到美的光辉的烛照。

无论是"理性操作"还是"理性直观",教育立美就在这样的学习过程中诞生了。

1985年,赵宋光曾豪迈地提出"潜水二十年"的口号。今天,时光已经悄然流过三十多年,赵宋光的"综合构建教学体系"研究仍旧停留在幼儿数学阶段,连他实验起步的小学数学阶段也还无法走进。但这没关系,科学的旅途向来漫长而坎坷。或许,经历岁月流水的淘洗和打磨,经历实践和思维的反复砥砺,历史会赠与赵宋光教育美学这枚思想和智慧的宝石更为璀璨夺目的光辉;或许,这一名之为"综合构建教学体系"的教改实验,最终未能获得预期成果,但其中蕴含的教育哲学思想,必定会为未来的探求者提供一个鲜明的思想路标。而无论如何,赵宋光的名字以及他深刻阐释并躬身践行的教育立美思想,必将光彩夺目地镌刻在教育美学的史册上。

说不清明天的风

几年前，写过一篇回忆自己成长经历的文章。在那篇文章的结尾，我是这样写的：

多年前曾喜爱过一幅油画，我一直把这幅油画放在玻璃台板下醒目的位置：大草原上，苍茫的天穹下，一匹长途跋涉、风尘仆仆的马。牵马人胳膊上搭着征衣，正在遥望远方。大风扬起牵马人蓬松的长发……油画的名字叫"说不清明天的风"。那种悠远、苍凉的意境，至今我仍然非常喜爱。

这里说的"多年前"其实也不太远，时间应该在 1990 或者 1991 年。我是在《新华文摘》的彩色插页中看到这幅《说不清明天的风》的。一看到就爱不释手，迟迟不想归还这期《新华文摘》。我去和管图书的女孩儿商量，她很大度："没关系。你把它剪下来吧！反正，也没多少人看的。看了，也不见得就喜欢这幅画。"从此以后，这幅叫"说不清明天的风"的油画，就总是压在我办公桌的玻璃台板下醒目的位置。其实，吸引我的不仅是画中人物的执着、坚毅，还有另外一种扑面而来的情绪——迷茫，孤独。从画面看，牵马人虽然神情坚毅，一直往前走，但还是有一种路在何方的疑问挂在眉梢。看那漫天风云，也是苍茫寥廓，万里茫茫。再从画的题目看，"说不清明天的风"，可谓意味深长。这个标题可能表达了两层含义：第一，明天，可能是晴空万里，也可能是风雨泥泞，令人迷惘、茫然；第二，不管怎么样，"我"总是坚定地往前走，执着，悲壮。

我不是一个懂画的人。这幅画如此吸引我，一方面是因为画面本身强烈的艺术冲击效果，另一方面也和我当时的心境十分契合。虽然我只是在一个偏远的小县城里当一名普通的语文教师，但却当得有滋有味。1980年代是一个风云激荡的思想解放年代，生活中几乎每天都有令人激动的新鲜东西涌现。因此，我的语文课堂也从不枯燥。什么"黄河第一漂"的是与非，什么电影《红高粱》的得与失，还有女排夺冠，《文汇报》上连续多篇的义利之辩……用"沸腾""激动"之类的字眼形容那时的日子毫不为过。而且，当时改革声势浩大，好像马上就要进入一个全新的社会境界。

然而，还没等完全进入1990年代，环境一下子就冷了下来。

当时，社会上有一股强烈的保守、僵化思潮，经济上停滞不前，文化上萧条冷落，教育上口号连天。语文课上，老师们也不得不提心吊胆，生怕说错什么或者做错什么。校园里的风气一下子消沉起来。人们不知道要干什么，也不知道该怎么干，更不知道明天会是怎样的生活，真的是"说不清明天的风"！很佩服油画作者的这个精彩命名，一下子抓住了弥漫于社会角角落落的浓厚情绪；同时，又把这种情绪艺术地传达了出来。迷茫中有执着，彷徨中有坚毅，任风云变幻，世事纷繁，"我"心中自有一份定力，那就是风雨兼程，一往无前，目标——前方！这幅准确地记录了那个时代情绪的画作，虽然被《新华文摘》敏感地转载了，这当然也是一种极高的肯定，但好像还缺少更大、更广泛的社会影响。我没有在别的什么地方看到过任何对这幅画的介绍或评价文字，甚为可惜！也许，作者要传达的这种情绪，压根儿就不合主流舆论的氛围。还真得感谢《新华文摘》的编辑，有眼光也有胆魄，把这幅立意深刻、慧眼别具、敏锐地抓住时代脉搏的画作，介绍给了全国的读者，给许多如我这般深陷迷惘苦闷的青年，带来几分希望和前行的勇气。

每当目光停留在玻璃台板下面的那一片乱云，那一绺被高原上的风扬起来的散发，那一角不够完整但却于疲惫中现出勇毅的马背，我的心里就会涌起一种无言的感动，产生会心的一笑。

回顾1990年代初期那段心情黯淡的日子，我由衷地感谢那幅给我带来许多激励和鼓舞的《说不清明天的风》！2001年举家南迁时，我隐约记得，我把剪来的《新华文摘》插页夹在了哪本书中，可后来却一直没有找到。也就是说，我已经有整整十年没有亲炙她的芬芳和恩泽了！动笔写这篇文章之前，我抱着试试看的心理，上网搜了一搜，希望能找到与那幅画作相关的信息。一查吓一跳！原来，《说不清明天的风》乃出自一代名家之手，作者是大名鼎鼎的中国当代著名油画大家、"北京写实画派"的主力干将之一、国家一级美术师艾轩，而艾轩又是著名诗人艾青之子！看了相关的介绍，才知道艾轩的童年非常不幸，两次遭弃，因此心中总有沉重的孤独相伴，但他的作品却总是传达出执着和坚韧。他的油画作品几乎全部以西藏的山水和人物为题材，那片圣洁的土地，已经深深地融入了他的生命。有评论认为，艾轩作品风格的扣人心弦之处是"借景抒怀"。千古荒蛮的莽原上，万里冰封的雪域中，人物眼中总是闪烁着对未来的企盼，那"张弛有序、点到为止"的节律，那"箭在弦上，引而不发"的含蓄，那"画龙点睛"的神来之笔，甚至那蕴藉深远的画作标题，都令他的画作犹如悠扬顿挫的音乐华章，洋溢着无穷的艺术魅力……

仔细查证这幅画的创作日期，才知道它作于1985年。但是，这有什么关系呢？重要的是，《新华文摘》是在1990年代社会最需要它的时候让它隆重面世的，而它和我的第一次美丽邂逅，也是在我最需要它的时候。这就足够了！真正杰出的艺术家，哪一位不是思想的精灵和时代的长子？他们总是敏感地走在时代的前面，或放歌，或低吟，或呐喊……

相信种子，相信岁月

一直非常喜欢梭罗富有哲思而又不乏诗意的言说："相信种子，相信岁月。"回眸自己语文教学教研的一路烟雨行程，感慨最深的也还是这句话。农人最现实，但他们不指望今天早上播下种子，明天傍晚就能收获；不管墒情如何，土质怎样，也不管未来有无收成，总是该浇水的时候浇水，该耕耘的时候耕耘。

漫漫语文美育之路

最初走上语文讲台，是在家乡的一所乡镇中学。师范毕业伊始，即碰上了"文革"结束后初中恢复三年制的首届初三，而且一教就是六年。可能是读师范之前曾经当过几年民办教师的缘故，或是因为年轻人充满激情，那时教初三语文非但不觉得累，而且还非常享受课堂上和学生一起读读讲讲、其乐融融的感觉。但是，说实话，那时候对语文教学还谈不上有什么认识，语文课怎么上，主要还是"跟着感觉走"。

1985 年，我调入江苏省重点中学 —— 灌南县中学。幸运的是，我遇上了对我的教学观念产生很大影响的李坦然老师。李老师是我们的教研组长，我恰好和他同教一个年级，因此听李老师的课是家常便饭。几节课听下来，我发现李老师的课与一般的课不同。没有流行的从时代背景到段落大意的固定模式，不刻意追求教学效果、高潮，不故作观摩课上演讲一般的慷慨激昂之态。一切都来得十分自然，也十分流畅，像乡间的小河款款流淌，浸润其间的，是对语言、对文字的品味和赏析。从课内到课外，从理念到实践，从李老师的"声音"里，我悟出了语文教学的不少门道，这也让我在起步之时少走了许多弯路。受李老师的影响，我也努力追求一种朴实无华的教学境界，教学中总是力求在课文中找出一个个语言的亮点，让同学们去讨论，去发现，去揣摩作者的用意，去领悟语言的魅力。当时还无力进行理论概括，但我已经朦胧地感觉到，理想中的语文教学似乎就应该像李老师这样，沿着"言语"的路径，走向更深、更远的地方。而从语言入手，品味词语、咀嚼细节、鉴赏技巧，正是我最初语文美育实践的三个着力点。语文教材选文出自名家之手，经过千锤百炼，言简意丰之处甚多。"语言是思想的直接现实。"关键词语、经典细节、艺术技巧，更是作家语言艺术的凝聚之处。由此入手，走进文本深处，领悟文字背后的思想和情感内涵，即品味语文之美。显然，这还是一种大而化之的简单归纳，语文之美的发现空间其实十分辽远！但我的语文美育的确就是这样简简单单起步的。

真正理性地省视自己的语文教学，是在读了李泽厚的《走我自己的路》之后。李泽厚先生在这本书中的"治学谈"，让我清醒地选择了自己的专业发展方向。李先生在多次讲演和文章中反复强调"读书要博、广、多，写文章要专、细、深"，要"以小见大""由小而大"，"题目越小越好"，"可以有一个大计划，但先搞一个点或者从一个点开始比较好"。在谈到研究题目的选择时，李先生强调："应该在自己的广泛阅读中，发现问题，找到前人没有解决的问题或空白点，自己又有某些知识和看法"；要兼顾主客观条件，选择在主观上"最适合自己的基础、能力、气质、志趣的方向、方法、专业和课题，而不是盲目地随大流或与各种主客观条件'对着干'"。这些话也许不算什么特别新颖的见解，但由李先生这样的知名学者结合自己的学术经历说出，却使我有如久旱逢甘霖。

正是在李先生这些"治学经验"的指引下，我选择了语文教学领域的一个个很小的点：教学情境、教学情绪、教学风格、教师素质、教学创造……并结合自己的教学实践，从审美的角度做了些探讨。短短几年内，我相继在《教育研究》《普教研究》《教育探索》《江苏教育研究》等刊物上发表了一系列研究文章。我就这样莽莽撞撞地踏上了漫漫语文美育之路。因此，多年来我一直对李泽厚先生充满感激之情。但怎么也没有想到的是，20多年以后，我们竟然有了多次深入的交流和交往，并结出了果实：我或编或撰完成了与李泽厚先生有关的几本书。这已是题外之话了，但我仍然不得不说，感谢生活，感谢岁月的馈赠！

从语文之美到教育美学

我在语文美育之路上，一走就是 20 多年。从青年走到了中年，从杏坛学徒走成了特级教师，也从苏北小城走到了江南苏州。有了得心应手的课堂，有了不断累积的体会，也有了第一本语文美育专著。一次，我阅读英国教育家赫伯特·斯宾塞的论著，其中有一段话给我印象极深，而未曾想到的是，这段话开启了我又一段新的旅程。斯宾塞是这样说的：

你会设想一滴水，在俗人眼中看来只是一滴水，而一个物理学家懂得了它的元素是由一个力量集结在一起，而那力量突然弛放时可以引起闪电，在他的眼中那滴水会失掉什么吗？你会设想在普通人不经意地看来只是雪花的东西，对于一个曾在显微镜中见过雪的结晶的奇妙多样形式的人不会引起一些较高的联想吗？你会设想一块划了些平行线痕迹的圆岩石，对一个无知的人和一个知道一百万年前冰河曾在这岩石上滑过的地质学家，能激起同样多的诗意吗？（斯宾塞《斯宾塞教育论著选》，人民教育出版社 1995 年 3 月版，第 85 页）

斯宾塞的话引起了我的思考。斯宾塞用"诗意"一词来解释科学的魅力，就语文来说，它的美就是作者凭借文字营造出来的氛围、意境、思想情感，是作者流淌在文字中的生命，是源自作者心灵的歌哭，或者说，就是作者的心灵。同时，语文之美，也是作者凭借文字呈现出来的母语自身的魅力，或者说是语文形式的魅力。不同的文体有不同的魅力，不同的风格有不同的魅力，不同的表达方式也有不同的魅力，甚至，不同的教学个性、不同的教学语境都会碰撞、生发、创造出不同的语文魅力。语文如此，其他学科也莫不如此呀！

于是，近几年，我从惨淡经营多年的语文美育重新出发，从语文学科走向整体教育。功夫不负有心人！我欣喜地感到了发现学科魅力或者说学科之美的重要意义。在我编著的《什么是真正的教育：50 位大师论教育》一书中，我即从教育学整体构架出发，把"知识的魅力"作为全书的一个重要章节。我认为，学科之美应该成为教育学研究的重要内容和极具创新意义的突破口。一番追寻和叩问的结果是，我逐步形成了自己的教育美学思想框架：教育本质之美、教育内容之美、教育艺术之美、教育主体（教师）之美、教育主体也是教育对象（学生）之美。教育应该是一项充满智慧同时也是培育学生智慧的工作，教育应该是一项在为学生幸福人生奠基的同时也能使教师从中体会到职业幸福的工作，教育应该是一项在让学生经常感受到学习之美的同时也能使教师体验到劳动之美的工作。与教育之美同行，教育生活会丰盈而温暖。返璞归真，正本清源，你会发现，教育原来可以如此朴素而美好！

站在教育美学的高地上审视我的语文教育观，我觉得用"发现语文之美"来表述更加贴切。语文美育，更多地着眼于语文的外在功能，虽然这也是语文教学必须承担的任务，但缺少对学科内部规律的洞悉与揭示；而"发现语文之美"，则是进入语文内部，着眼于语文自身的魅力，其中自然包含了对语文学科内部规律的探求。于是，在2013年5月出版的《发现语文之美》中，我对语文自身魅力即内部规律给予了比较多的关注，力求从语文角度诠释学科之美。从语文美育到发现语文之美，是我在语文认识之路上的一次升华；而这次升华，来自对教育美学的整体思考。科学有险阻，认识无止境。对教育美学的求索，我，仍然在路上。

走近大师，走近叶圣陶

真正走近大师叶圣陶，是2001年我来到苏州之后。

苏州一中是叶圣陶的母校。1907至1912年，叶圣陶在这里度过了五年中学时光，接受了当时最先进的现代教育。之前，他上过几年私塾和一年新式小学，中学毕业之后即走上小学教育之路。因此，人们一直都把叶圣陶在苏州一中的五年求学生活和在甪直小学的五年教学生涯，看作叶圣陶教育思想最重要的两个源头。苏州一中一直有着学习、弘扬叶圣陶的传统，进入校园，首先进入眼帘的就是一尊叶圣陶汉白玉塑像。来到苏州一中不久，我即担任学校教科室主任，学习、研究叶圣陶教育思想，成了我的"分内事"。当时，语文教育圈内圈外有一股否定叶圣陶语文教育思想之"风"，似乎新的教育理念一来，一切传统的教育思想、教育方法就统统过时了，落伍了！

在此背景下，由于本职工作的需要，更是因为对眼前纷繁现象的质疑和警觉，我开始认真阅读叶圣陶先生有关论著，深入思考其语文教育思想。李泽厚的哲学和思想方法又一次给予我极大的启迪。多年以后，在我编选的《李泽厚论教育·人生·美——献给中小学教师》的长篇后记中，有一段话表明了我这段时期的心路历程：

> 在教育改革进程中，如何看待西方教育思想和中国传统教育智慧的关系？李泽厚的文化观也对我们启发良多。如何看待传统文化，李泽厚一直是既不保守又不激进。他既不主张激进地否定传统全盘西化，又不赞成不分青红皂白地照搬所谓"国学"精粹。一方面，李泽厚主张大力引进西方先进观念，但同时他又主张继承汲取传统文化精华。用李先生自己的话说叫作"转换性创造"。可以说，李泽厚后半生孜孜矻矻就是致力于这种思想文化的"转换性创造"。教育也是一种文化。用李泽厚的思想观照我们近些年一波接一波的教育喧腾，很多现象就可以看得比较清楚。即以语文教育为例。我们母语教育的优秀传统，尤其是五四以来叶圣陶、夏丏尊、朱自清等那一代语文巨匠的教育经验，我们真的能说扔就扔弃之若敝屣？真的能轻率地全盘否定或者动辄"走出窠臼"？那种过分的激进，是不是可以说是思想方法的片面褊狭或者不够成熟呢？（李泽厚著、杨斌编选《李泽厚论教育·人生·美——献给中小学教师》，华东师范大学出版社 2011 年 9 月版，第 227—228 页）

因此，正是在否定叶圣陶、否定教育传统的言论甚嚣尘上的那些日子里，我和我的教育同仁们一起，在力所能及的范围内，大力推动学习、实践叶圣陶教育思想活动的开展。深入的学习研讨让我们达成共识：西方有西方的教育哲学，东方有东方的教育智慧。东西方教育都在不断吸取对方的长处，但绝不应该全盘照抄。我们要在学习借鉴一切先进教育思想的基础上，努力完成传统教育的现代化转型。而我们的母语教育，理所当然要从本民族语文教育传统中汲取营养，传承经验，而不是生搬硬套其他语言系统的什么法则和定律。民国时期处于旧式教育向现代教育转变的关键节点，承前启后，民国时期是中国现代语文教育奠基的关键时期，这一时期积淀的语文教育经验十分宝贵。从某种意义（譬如学科教育）上说，这也是一个需要巨匠而且产生了巨匠的时代。叶圣陶、夏丏尊、朱自清，就是那一批巨匠中富有典型意义的代表人物。可惜，我们很多人已经忘记了这些熠熠生辉的名字。而对于什么是真正的语文，什么是符合母语特点和规律的语文教育，我们或像盲人摸象一般，一叶障目，不见泰山；或搬弄概念，故弄玄虚，使语文与母语教育的本质渐行渐远。

"十年辛苦不寻常"，十年过去了，我们的"叶研"工作也在不断走向新的境界。学校建立了叶圣陶教育思想展馆，省教育行政部门批准苏州成立了江苏省叶圣陶教育思想研究所。我出版了三种有关叶圣陶教育思想的选本。其一，叶圣陶教育思想读本《如果我当教师》，整本书以叶圣陶"为人生"教育思想为红线，分教育观、教学观、语文观、教师观、学生观等七个板块，构建了一座叶圣陶教育思想大厦；其二，《教育照亮未来 —— 民国八大教育家经典文选》，聚焦蔡元培、胡适、陶行知、叶圣陶等一批民国教育家，做教育理念方向的横向比较，试图从教育家层面厘定叶圣陶教育思想的历史地位；其三，《什么是我们的母语：民国三大家论语文教育》，聚焦叶圣陶、夏丏尊、朱自清三位民国语文教育家，做学科方向的横向比较，试图从语文教育家层面探寻叶圣陶语文教育思想的历史坐标。如此，三个选本形成三个不同维度，支撑起叶圣陶教育思想（包含语文教育观）研究的一个稳定而自足的文本世界。我把这三本书视作向先贤的致敬，更是对教育未来的叩问。

人生即选择，选择即放弃

哲人说：人生即选择。其实，我们也可以说：事业即选择。在我们事业发展之路上，常常充满着各种诱惑、歧路和各种机缘形成的困扰。不同的选择，意味着不同的事业路径和不同的发展结果；而每一次选择，意味着对其他方面的放弃。从某种意义上说，选择之难即放弃之痛。

我曾有过两次比较重要的选择。第一次是在 1984 年夏天，我刚刚走上教坛的第三个年头，一场铺天盖地的教育改革大潮 —— 校长聘任制在家乡涌起。县教育局任命校长，而校长以下包括副校长在内的所有人员均由校长聘任，谓之"组阁"。这种改革的力度之大，即使在多年后的今天看来也是前所未有的。在这场改革大潮中，才担任教务副主任半年的我被任命为一所乡镇中学的校长。由于种种原因，我在暑期开学前夕选择了辞职，重新去做一名普通语文教师。说实话，这个选择在当时是有遗憾也有痛苦的，虽然我在给教育局领导的辞呈中有诸如"我可能成为一名优秀的语文教师，而不可能成为一名优秀的校长"之类的话，但其实那更多的是一种托辞。但开弓没有回头箭，我已认定：做语文教师，已成为我的宿命；优秀，必须成为我的信念。我只能沿着这条道路前行，别无选择。第二次选择是在 2001 年，我放弃了重点中学副校长的职位，选择去了江南，再次做一名普通的语文教师。如果说，第一次选择，还或多或少有些无奈的成分，这一次，则完全是轻松甚至愉快的选择。已过不惑之年的我，非常清楚自己内心的需要，也非常明白自己在哪儿能找到职业的幸福。此时，我的专业发展目标愈益清晰，信念也愈益坚定！

选择是重要的，比选择更重要的是坚持。目标明确之后，需要的就是"咬定青山不放松"的韧劲儿。咬定语文美育发展方向之后，30 多年来，我的专业关注目光就始终没有游离过。

行走在语文探索的旅途中，一路有李泽厚、叶圣陶两位大师的思想和智慧同行，这是我的幸运。他们不仅让我少走了许多弯路，也开拓了我的胸襟和视野，丰富和滋养了我的人生。

相信种子，相信岁月！相信种子的生命力，也相信岁月的公正。岁月是栉风沐雨的历练，是冰雹霜冻的打磨；之后，才是丰富，才是果实。

蘸着自己的血肉写作

托尔斯泰有一句非常精辟的话："一个人只有在他每次蘸墨水时都在墨水瓶里留下自己的血肉，才应该进行写作。"爱默生也说："你的句子应该像从地里挖出来的蒲公英，根很长，粘着泥土，还是湿的。"两位作家说了一个相同的意思——用生命来写作。文学写作如此，教育书写同样如此。

这些年教育文字多了起来，教师在教育工作之余写点文字，已被视为他们在专业发展过程中的一种常态，甚至是一种必需。专业论文、随笔反思、教育故事、心情小语，都好，都可以，都是教育旅程中的海滩拾贝。是记录，也是反思；是收获，也是耕耘；有欢欣，也有痛苦。但不管怎样，这些文字应该有一个共同的标准：真诚。

真诚是写一切文字的重要准则，教育文字自然也是这样。你得蘸着自己的"血肉"去写你的教育文字。所谓"蘸着血肉"，就是忠实于自己的教育生活，就是植根于自己的教育土壤，亦即托尔斯泰说的"每次蘸墨水时都在墨水瓶里留下自己的血肉"，或者爱默生说的，是从地里挖出"粘着泥土"的"蒲公英"。这不是苛求，不是唯美，而是关乎教育写作的意义和宗旨。

教育是一项很辛苦的工作。繁重的工作之外，我们为什么还要"自讨苦吃"，我们为什么要书写？答曰：与专业发展有关。教师需要不断学习、不断反思，以求得教育素养的提升和发展。苏霍姆林斯基说："如果你想成为学生爱戴的教师，那你就要努力做到使你的学生不断地在你身上有所发现。你要像怕火一样地惧怕精神上的僵化。……教师上好一节课要做毕生准备。"也许，教师教育书写的真正意义就在这里：克服精神上的僵化。读书学习，总结反思，都是为了这样一个目标。经常听到一些同行说，工作那么忙，为什么还要我读书和写东西，我能教好自己的学科就行了，我教的学生考试分数不差就行了。为什么？就是因为我们从事的是一项精神交往的工作。教学工作绝不仅仅是简单的知识传递，而是一种交往，而且主要是精神交往，要努力做到让你的学生不断地在你的身上有所发现。所以，苏霍姆林斯基才谆谆告诫我们，"要像怕火一样地惧怕精神上的僵化"。教育书写不过是不断地丰富我们精神的一种实践。

蘸着自己的血肉写作，第一层含义是指要培育和耕耘出自己的一方"沃土"。教育写作不是才情的展示，不是技巧的炫耀，更不是语言的拼盘，而是把你的实践体会和思考，或者是经验，或者是教训，或者是困惑，拿出来与人分享。一个重要的前提是，你必须全身心地投入到自己的教育教学实践中去，和你的学科、你的班级、你的学生真心地"相爱过一回"。有过几番刻骨铭心的经历、感受和体会，你才能说你有了自己的一方"沃土"。而只有深深植入自己实践的"沃土"，你才能提炼出属于自己的教育教学感悟。这样的感悟，写出来就不大可能和别人雷同。也只有这样的感悟，才可能起到丰富和发展自己教育教学素养的作用。仅仅依靠写作方面的那点雕虫小技，或者凭借一些东拼西凑的所谓"资料"，是写不出什么有价值的教育文字的。

说句题外话，常常听到一些把教育书写和教育实践对立起来的似是而非的说法，意思是某个教师虽然能写点东西，但教学不行。实际上，要么是这个人长于书写而拙于言说（这种特例在中小学教师中少之又少），影响了教学效果，要么是他写出来的东西与教育教学无关。一般的规律是，能写出一些有点价值的教育文字的教师，其教育教学实践绝不会差。需要警惕的是评价标准和评价体系。中小学教育的评价工作是非常复杂的，绝非用班级均分排名就能说得清楚。事实上，没有教育教学经验的深厚累积，是写不出什么真正有意义的文字的。当然，这里说的累积，主要还不是指工作年限之类的时间长度，而是指在所任教学科和教育生活中沉潜的深度和广度。从教多年，照样可能认识肤浅；虽然年轻，却也可能涵养深广。

蘸着自己的血肉写作，第二层含义是指要植根于自己的这方"沃土"。自己累积的经验如同深埋地下的油层，写作的指向应该对准它，如同钻机对准油层一样，这样打出来的油才是属于自己的"乌金"，而不是拾人牙慧。我们见过不少教师，辛辛苦苦，勤勤勉勉，笔耕不辍，但就是收效甚微。究其原因，可能是找错了方向，不是就自己最有体会、感受最深的内容去发掘，而是今天东风来顺着东风倒，明天刮西风顺着西风歪，什么时髦写什么，怎么吃香怎么写，或者人家写什么自己也跟着写什么，害怕落伍，紧盯"风向"，结果不仅失去了自我，还把自己弄得辛辛苦苦、惶惶惑惑，却很难有什么成绩。也许有几篇文章发表出来，但因为脱离自己的真实感受和丰厚积累，可谓守着"金山"甘当乞丐，对自己的专业发展最终只能是隔靴搔痒，不起作用。

怎样才能把"钻头"对准自己的"油层"呢？这有一个眼力的问题。很多教师可能不是不想把笔尖伸向自己的"血肉"，而是不知道自己的"血肉"在哪里，或者说不知道自己的哪些"血肉"有开采价值。这就要谈到阅读了。必要的专业阅读对提升教师的教育理念、炼就教师的一双"慧眼"是大有裨益的。近些年，形形色色的名师到处"布道"，各式各样的"教育快餐"充斥书肆，开卷固然有益，但复制别人鲜有成功。教育教学是一项创造性极强的工作，教师个体心智的制约作用甚大；不同学生需要不同的方法，不同教师更是差异甚大。别人再好的经验也不一定能成就自己，何况有些所谓"名师"的经验本就充满泡沫。因此，教师阅读更应该走近大师，那些经漫长岁月积淀下来的人类思想和文化的经典之作，才是更值得我们去反复体会和涵泳的。岁月的陈酿往往不够光鲜，甚至还会让人望而却步，但是一旦打开，其醇香非同寻常。经过教育经典润泽过的心灵，面对日常教育生活，往往会有屋舍俨然、阡陌分明的豁然开朗之感。成功有成功的规律，失败有失败的必然。回首教育来路，细数阳光阴霾，一览众山小。此时你会清晰地发现，原来自己的教育教学实践，就是一座有待开采的富矿。

蘸着自己的血肉写作，第三层含义是指要把书写的过程当作提升自己教育素养的过程。还是用"钻井打油"这个方便的比喻吧。找准自己的油层，钻对了，出油了，但还不够。还要提炼，去伪存真，去粗取精，由此及彼，沙里淘金。这个"金"就是教育教学的规律和素养。此时的教育书写，已经不是在写文章，而是在总结，在反思，在提升，在进行更高水平和更高层次上的新的积淀。它的必然结果，便是形成教师在教育教学上不同于以往的新的气象。提升自己，发展自己，这才是教育写作的真正意义所在。

教育是雕塑人的心灵的工作，十分复杂。有些流行的口号和观念恰恰有悖教育规律。教育书写，不能捡到篮里就是菜。曾经不止一次读到一些教育文字，作者津津乐道的成功经验，恰恰是教育失败的写照，而作者自己却浑然不知。譬如，一个学生一时疏忽犯了错（或许是有意为之），班主任处理起来却一定要"见微知著"，举一反三，兴师动众，累及全班。这位教师在文章里要表达的是严格要求、铁腕治班的成效，但教育的基本品质是宽容。对于学生的一时失误，需要给以足够的包容和宽宥，甚至智慧一点儿的话，将错就错、顺水推舟也会收到意想不到的效果，火眼金睛、明察秋毫未必就是教育的上策。教师在实际处理过程中一时性急，方法也许会不很恰当，情有可原；但是事后反思，写成文章，当从反面落笔。若把失误当作成功，那就是教育理念的局限了。这样的书写非但不能提升自己，反而会强化自己的错误观念，甚至还会误导他人。

教育书写是教师专业发展的重要路径，但是教师发展的终极目的却不是写作。一个人的专业发展之路能走多远，从他如何处理实践和书写之间的关系上也可窥见一斑。一分耕耘，一分收获，是大家都知道的常识；但是，专业的发展不是有播种就一定会有收获，有付出就一定会有回报的，有时甚至需要一点儿只问耕耘不问收获的淡泊和超脱。我们在讨论如何进行教育写作时，不妨重新省视一下自我发展的目标到底是什么，不妨多问问自己：我爱我从事的职业吗？我愿意为了这份热爱无怨无悔地付出吗？为了不辜负这份热爱，我已经做好足够的准备了吗？

发出自己的声音

教书：从各种"声音"中，悟出教育教学的门道

《教师月刊》 杨老师，记得去年在审读你的随笔集《教师职业幸福的秘密》时，我一样被《一个无法忘怀的故事》中那个让你刻骨铭心的故事深深感动了。记得多年前，在你发表于《中学语文教学》上的《生活的馈赠》一文里，你提到这个故事曾引发了你思考教师职业的意义。在《一个无法忘怀的故事》一文里，你对这个故事的思考又深了一层：教师的人格魅力关乎职业幸福，关乎学生的健康成长。同样一个教育故事，在一个人的不同人生阶段，给人的思想启示往往也不同，而这恰恰是教育故事的价值所在。

杨斌 的确如此。这个故事我已经在不同文章中"讲"过多次了，每次"讲"这个故事时，连同讲这个故事的人以及讲故事的环境气氛，都会一同涌上心头。记忆，真是一件十分奇妙的事，铭记什么，遗忘什么，其选择性和指向性都很强。

那时，我回到我中学母校灌南县张湾中学工作，和陈晓滇老师同事 —— 他在学生中声望极高，也是我中学读书时非常崇敬的老师。我们都住在校园里，是邻居。那年春节，天寒地冻，雪花飘飘，我到陈老师住的茅庐之家拜年。围着一个大火炉，我们海阔天空，引出了这个故事。"文革"期间，江南某地一中学生在武斗中受重伤。生命垂危之际，这个初二学生向家人提出要求，想和曾经朝夕相处的全班同学见上最后一面。此时，班级正分成两派，壁垒森严，势不两立。谁能把这些对立的"革命小将"从硝烟弥漫的堑壕中拉到一起呢？学生家长想到了他们的班主任。这位被两派"革命小将"多次

批斗、此时正赋闲在家的老师，听到学生的这个心愿之后，二话没说，开始行动。他走东串西去游说动员，硬是凭着自己的影响力和凝聚力，把全班近五十位同学一个不落地聚集到这位学生的病床前，满足了濒死少年的最后心愿，让他含笑离去。从此，武斗双方也化干戈为玉帛……

这个故事的主角，那位班主任，就是陈老师的弟弟。这件事，我什么时候想起，什么时候感动。感动之余，我又总想参悟事件背后的"声音"，可一时却不知从何说起。多年以后，我终于听到这个埋进我心田的故事发出的"声音"：是什么东西唤回了那一群迷途的"羔羊"？很明显，是教师的人格魅力。

人格是什么？人格包括一个人的道德品质，但又不止于此，它还指一个人的性格、气质、能力等特征的总和。教师对学生的影响，一是知识，二是人格。前者自不待言，后者却常常为人们所忽略。其实，比起知识对学生尤其是中小学生的影响，教师的人格的影响可能更巨大，更深远。

《教师月刊》 我也从这个故事中获得了诸多启发。比如，我想到，今天，当我们津津乐道于学校的精细化管理、制度化管理时，切莫让"人情味"淡漠、消失。学校应该是一个重"人情"的地方。所谓"人情"，是指彼此默契、彼此关怀的人际关系，而非漠视基本规范、拉帮结派的庸俗化的"关系学"。

此外，我还想到，学生的目光往往会越过一个个具体的学科，聚焦在一个个师长的身上，所以，言传身教是整个教育天然的组成部分，不容忽视。当然，这也包含在你所说的教师人格这个话题范畴里。

杨斌 学校应该是最讲"人情味"的地方，因为我们从事的就是培育人的工作。有人说过，"文学就是人学"，其实，教育才是真正的"人学"。再精细化的管理制度，也代替不了彼此默契、彼此关怀的人际关系，这种人际关系也会转化成积极影响学生的力量。

一个好教师，应该具备两种魅力：一是学科魅力，让学生喜欢你所教的学科；一是人格魅力，让学生喜欢你这个人。学校管理在教师发展上的着力点，应是引导教师不断塑造和丰富自己的这两种魅力；学校制度，也应该朝着这个方向去设计。

《教师月刊》 其实，教师发展有其复杂性和偶然性。人的生命是一种偶然，同样，人的成长过程也充满了偶然。比如，你一辈子遇到什么样的人，往往能丈量出你能走多远，而遇到什么样的人，本身就是一种偶然。所谓良师益友，其实是人生中的一种偶遇，无限美好，且让人受益无穷。在《生活的馈赠》一文中你提到，走上讲坛不久，你便幸运地遇到了李坦然老师。这个美好的相遇，决定了你在教育教学上的起点。今天的社会比起1980、1990年代，显然浮躁多了，年轻教师看似发展机会很多，其实，真正有益于他们健康发展的因素不多。

杨斌　人生确有许多偶然，但要让"偶然"成为一种机遇，则需要个人的努力。李坦然老师是我在灌南县中学工作时的同事，语文教研组长。1985年，我和李老师刚好执教同一个年级，听他的课是家常便饭。几节课下来，我发现李老师的课与众不同，没有流行的从时代背景到段落大意的固定模式，也没有刻意追求什么教学的重点、高潮，更难见到盛行于当时观摩课上演讲式的慷慨激昂之态。一切，都来得十分自然，也十分流畅，像乡间的小河款款流淌，浸润其间的是对语言、对文字、对文化的品味和赏析。记得有一次，听李老师讲《为了忘却的记念》。在对文章稍做介绍之后，李老师即让学生读。这在"讲"风颇盛的当时，可是不够时髦的事。读了一阵子书之后，开讲第一段。李老师挑出了两个词语让大家比较。为什么"悲愤总时时袭击我的心"，而要摆脱的却只是"悲哀"？一个小小的问题，一个小小的角度，却一下子抓住了文章的核心内容，激起了一潭课堂的活水。学生讨论非常热烈，课堂气氛十分活跃。若干年以后，这个经典的例子变成了课本后面的一道习题。我觉得，这才是真正的语文，原汁原味的语文，脱离了种种概念和现实利害的语文。

要知道，老先生可是1950年代北京大学中文系的高材生。读大学时就在《文史哲》上发表了一篇九千多字的论文，还参加过《现代汉语词典》《中国文学史》的编纂，他的同班同学谢冕、张炯、孙玉石后来都成为中国文艺评论界的"大腕"。而他，却因1957年的一场风暴，一直在中学语文教学的园地里默默耕耘。

我幸运地"听"到了李老师的许多声音。从课内到课外，从理念到操作，从有声到无声。我从李老师的"声音"里，悟出了教育教学的许多门道。受李老师的影响，我也始终追求一种朴实无华的教学境界：不瘟不火，其乐融融。

我以为，不管身处什么时代，青年教师，只要谦虚和用心，总能从身边的人身上学到许多许多。如果缺少一种开放的心态，哪怕今天听这个讲座，明天学那个名师，也很难有多少受益。真正的学习是一种默察和省悟，贵在用心体会。而且，要有自己的教学理想和教学追求，因为理想和追求会带来一种向上的动力。

读书：聆听大师的"声音"，努力走出自己的路

《教师月刊》 教师要有开放的心态，这很重要。一个人能否真正开放，跟他是否有独立的思想品质直接关联。

读书，是一颗心聆听另一颗心发出的"声音"，并努力与其对话的过程，这是每一个人丰富自己的精神世界的重要途径之一。我发现，教书之余，读书成了滋养你精神的重要途径。

杨斌 一个在"文革"中度过中学时代的人，其实是没有什么底气谈读书的。但我对你提出的问题有同感，因此愿意聊一聊个人阅读史。你的问题也让我回忆起一些差不多被遗忘的往事。

我出生在一个普通的农民家庭，父亲小时候上过短时间的冬学，应该是农闲时的识字班吧。舅舅是小学教师，家里会有一些文艺类杂志，母亲常将它们拿回家"剪鞋样"。那时，我对母亲提出，必须先让我看完，才能开"剪"。我就是从那些旧杂志开始最初的阅读之旅的，那是我读小学三四年级的时候吧。我的第一本课外书，也是舅舅带我到县城的新华书店买的，大约在小学四五年级时，现在还记得书名叫"冰凌花"，是儿童文学读物，书里描写的东北兴安岭、兴凯湖的神奇风光给我留下了深刻的印象。这本书，可算是我第一本正式的启蒙读物。记得我当时还自费订阅了《中国少年报》。

"文革"时精神饥荒的痛苦体验，是我后来从事语文教学的一种内在动力。我总是力求在知识基础之外，为学生寻得一些教材本身具有的文学元素，力所能及地让学生感受一点儿文学之美。我觉得，这是语文教师义不容辞的责任！

高中毕业后，我回乡务农。一年之后担任民办教师，有机会读到单位唯一的一份报纸《光明日报》。舅舅的单位是靠近县城的公社中心小学，有多份报纸，尤其是有一份标明"内部刊物"的《参考消息》。我常常利用星期天去走亲戚，其中一个重要目的就是看报纸。1977年恢复高考，我考上了师范，

赶上了读书的好时光，如饥似渴，"恶补"各种书籍。无奈在校时间太短，因为教师队伍青黄不接，我们被提前送上了教学一线。工作期间，我报名参加了《诗刊》"刊授大学"和《光明日报》"刊授大学"的学习，报前者是因为"诗人梦"，报后者是为了学中文。后来，又参加了三年本科函授，总算比较完整地接受了中文本科教育。

《教师月刊》 读书无非博览群书和专精研究二途，你后来好像走的是专精一途。从集中研读李泽厚的著作，到援引其"美育"观点到语文教学研究中，再到动笔写李泽厚的研究文章，可以说是从享受"声音"的美妙，到努力走出自己的路；在李先生"声音"的滋养下，一点点磨炼出自己的思想，找到了自己的路。

杨斌 其实，你说的这"二途"我都挨不上。说博览群书当然不敢，说专精研究岂非贻笑大方？读师范时，我们的班主任张维旭老师有句话，多年来我一直铭记："语文教师应该是个杂家。"虽不能至，心向往之。张老师是学历史的，但他的文选精读课上得非常精彩，大概正是得力于他的读书之杂吧。

关于与李泽厚的交往，我已在《李泽厚论教育·人生·美 —— 献给中小学教师》一书的"后记"中细谈过，这里就不详说了。的确，无论是教学还是研究，无论是读书还是做人，无论是思想方法还是文笔文风，李泽厚先生都给我以启迪和教益！"云山苍苍，江水泱泱，先生之风，山高水长！"还是借用古人的话来表达我的景仰之心吧！

这里倒想起了一件事，似乎可以解释我为什么忽然对李泽厚先生的著作产生了兴趣。我在以前的文章中曾经说过，是徐州师范学院印锡华先生的美学课让我对李泽厚产生了兴趣，是第一次单元考试印先生给的高分鼓舞和激励了我。仔细想起来，还有一个故事值得说说。

1970 年代中期我做民办教师时，有一次到公社中心小学开会，发现中心小学有个可以借书的地方，几个上了锁的书橱，立在校长的宿舍兼办公室里，每位教师每次可以借一本。那时"文革"尚未结束，读书仍是一件十分奢侈的事。隔着玻璃门，我激动地选了《没有地址的信》这本书，作者是一位外国人。凭着直觉，我认为这是一本小说，当时我只对小说入迷。回到家才发现，这根本就不是小说，而是一本谈艺术起源的纯理论书。反正也没书读，将就着看看吧。就这样，硬着头皮读了下来，没有读懂多少东西，那个稀奇古怪的作者名字也没有记住。若干年以后，我才知道，这本书是俄国著名文艺理论家普列汉诺夫的名著《论艺术》，书名又译作"没有地址的信"。或许是从这里受到了最初的美学启蒙吧，我渐渐对理论书籍有了一点儿兴趣。读书如同播种，是有季节的，在适当时候播下种子，口味就会慢慢形成；误了季节，未来就难有收获。后来，我碰到了李泽厚的《走我自己的路》，一下子就迷上了他的书，从思想到文笔，沉醉不知归路！李泽厚先生是一代大师，是20世纪中国走向世界的寥若晨星般的学者之一，我至多算是先生的一个"粉丝"吧！

《教师月刊》 关于读哪一类书能真正滋养人的精神，董桥曾有此妙喻："字典之类的参考书是妻子，常在身边为宜，但是翻了一辈子未必可以烂熟。诗词小说只当是可以迷死人的艳遇，事后追忆起来总是甜的。又长又深的学术著作是半老的女人，非打起十二分精神不足以深解，有的当然还有点风韵，最要命的是后头还有一大串注文，不肯罢休！至于政治评论、时事杂文等集子，都是现买现卖，不外是青楼上的姑娘，亲热一下也就完了，明天再看就不是那么回事了。"在你看来，青年教师在成长过程中应多读哪一类书？

杨斌 呵呵！董桥的这个比喻很俏皮，也很贴切、生动。我首先想说的是，在我的眼里，李泽厚的书虽然是学术著作，大致可分为哲学、美学、思想史三类，但却是风韵盈盈，根本无须强打精神，十分容易就渐入佳境。李泽厚的著作既有妻子相伴终身般的经典价值，也具诗词小说惊若天人般的迷人魅力。有人略带夸张地说过，1980年代，走进任何一个文科大学生宿舍，都能发现有人在读李泽厚。所以，我选编了一本《李泽厚论教育·人生·美——献给中小学教师》，推荐给今天的青年教师。

当然，读书是一件很个人的事情，萝卜青菜，各有所爱。大致说来，青年教师应关注这三方面的书。一是学科类书籍，即我们通常说的专业书籍；二是教育教学素养类的；三是思想方法类的。李泽厚的书当属第三类。一般教师可能会重视第一类，轻视第二类，忽视第三类，我认为这三类都怠慢不得。就第二类我举一个例子吧。

三十多年前，我在一所乡村中学担任教研组长。说真话，初上讲台的我，还真不知道教研组长应该如何去做，特别是怎么组织每周一次的集体教研活动。一个偶然的机会，我在学校图书馆发现了一本薄薄的小书——苏霍姆林斯基的《给教师的一百条建议》。粗读下来，觉得其中有很多富有启发性的内容，比我们在师范学校学到的教育学要具体、鲜活、生动得多。我如获至宝。从此，教研活动的一项常规内容，就是共同学习这本《给教师的一百条建议》。每次读一点儿，然后大家议一议，不拘一格，畅所欲言，感觉收获多多，启发多多。可以说，苏霍姆林斯基是第一位给予我深刻影响的教育家。

出书：著书立说，尝试站立于自己的"声音"中

《教师月刊》 阅读、写作，本来应该是教师再寻常不过的日常生活，可是，在今天的学校里，这并不是一种常态。你怎么看这个问题？

杨斌 教育教学工作是一项很辛苦的工作。繁重的工作之外，我们为什么还要自讨苦吃，为什么还要书写？因为这与专业发展息息相关。教师需要不断学习，不断反思，在学习和反思过程中，求得教育素养的提升和发展。在我看来，这应该是教师的天职。

《教师月刊》 从第一篇毫无功利心的教育文章，到出版两本个人专著，在这一精神历程中，你是否尝试发出自己的"声音"？

杨斌 虽然这些年在教育旅途中且行且思，未曾间断，但说真话，之前还真没敢想出书的事。第一本书《语文美育叙论》是被我们校长"逼"出来的。当时周春良校长要我这个教科室主任带头"著书立说"，没办法，我硬着头皮，回首来路，做自己的教研总结。书稿完成之后我才发现：尽管几乎就是整理旧作，但也等于把这些问题重新思考了一遍，感觉收获匪浅。最突出的一点，就是跳出了过去对许多"点"的问题的思考局限，对语文"美育"有登高一望、豁然开朗之感。

写第二本专著《教师职业幸福的秘密》，则完全是一种自觉行为。这是一本教育随笔集。千百年来，人们对教育有过或宏大或细微的太过丰富的研究和言说，但是，作为教育活动最重要的劳动主体，教师自身的劳动体验却还远未引起人们的重视，这不能不说是教育学的重大缺憾。当然，这个缺憾的产生可能不完全是因为教育学的问题，也许更多的是时代背景和社会条件所致。只有当人们高度重视劳动者自身的幸福感受时，他们才会从劳动主体的角度探讨如何从劳动过程中获得愉快的体验，即本书所说的"教师职业幸福"。其实，教师职业幸福不仅仅属于教师，或者说首先不是属于教师自己。

教师职业幸福的重要前提，是成功的教育教学劳动；而成功的教育教学劳动中，首先受惠的是学生。因此，从这个意义上说，没有教师的职业幸福，也就不可能有学生学习生活的幸福。这或许是我这本教育随笔集最为主要的"声音"。

《教师月刊》 从 2005 年出版《语文美育叙论》，到 2012 年出版《教师职业幸福的秘密》，你的目光越过了学科教学，开始眺望整个教育，尝试发出自己的声音。同时，你又编选了《李泽厚论教育·人生·美 —— 献给中小学教师》《教育照亮未来 —— 民国八大教育家经典文选》等书。这些书寄寓了你怎样的期待？你有哪些"声音"隐藏在这些书里面？

杨斌 我一直抱持"只做不说"或"先做后说"的处世原则，但我的这一点儿心理秘密，还是被你发现了。的确，这些年我是在有意无意地"走出学科"。我们的许多教育问题不在学科，或者说不只在学科。只在学科内部纠缠不休，可能于事无补。因此，我尝试着对教育"发言"，不过，"发言"的方式有些特别。

这是受中国文论的启发。中国古代文论有多种体式，譬如论文体、专著体、书信体、评点体等，另有一种重要的文论体式叫编选体。《诗经》就是编选体的书。选本的主体内容，当然是别人的文章，但它代表了编选者的观点，有时编选者也可直接发表自己的观点。我编选的几本书，肯定都寄寓了我自己的教育观点和教育判断，或者说，它们都传达了我自己的"声音"。

（本文刊于《教师月刊》2013 年第 1 期，记者朱永通）

重新发现叶圣陶

百年前

弥漫在天地之间的那场暴风雪，

恣肆，骄横……

你，是风雪夜中的赶路人。

不能说遇见你是一个美丽的传说，

而你，确是时光重要的馈赠。

岁月有情，

紫藤无声，

雪野上，一行深深的脚印清晰可认。

和叶圣陶相遇

千年紫藤下的美丽相遇

一场美丽的相遇，需要一个特别的日子！

我和叶圣陶的相遇也是这样：2001年，进入新世纪的第一个春天。作为一名语文教师，我早就知道叶圣陶，读过他的书，教过他的作品，也熟记几句他的教育名言。然而，仅此而已，在精神上，我和叶圣陶没有交集。精神相遇是什么？是经过心与心的碰撞、灵魂与灵魂的交流，然后发出如泉石相激般泠泠作响的共鸣。

那年春天，在校园里那棵千年紫藤繁花盛开的日子里，我在叶圣陶的母校——江苏省苏州第一中学参加了一场业务活动。我第一次见到了矗立在校园门口的叶圣陶汉白玉塑像，在学校阅览室又看到了关于众多校友的介绍，那可都是中国文化史上如雷贯耳的名字。我的命运就这样被决定了。那一年夏天，我义无反顾地听从心灵的召唤，选择了这所驰誉江南的百年名校。从此，我开始走近这位著名的前辈校友。

1894年10月28日，叶圣陶出生在一个贫寒之家，名绍钧，字秉臣，用的是《诗经》中的句子："秉国之均，四方是维。"1907年，仅读一年小学的叶绍钧跳级进入刚刚成立的苏州公立第一中学堂，这是苏州第一所实行现代教育体制和教学方法的新式中学堂，他在这里一读就是五年。

时值世纪之交，维新潮流一浪高过一浪。这所新式学校所开科目和读经应考的旧式私塾完全不同。首任校长和大部分教员都有留学日本的经历，满脑子新思想、新观念。学校学习日本，完全按现代教育的要求开设课程。叶绍钧在这里接受了完全新式的教育，不仅受到西方现代科学的思想启蒙，而且还接受了现代教育的壮丽洗礼。辛亥革命来了，叶绍钧自觉名字有点儿"陈旧"，请老师帮助改名，老师取"圣人陶钧万物"之意，为他取字"圣陶"。这是一次意味深长的改名，不管是有心还是无意，"陶钧万物"，事实上成了叶圣陶纵贯一生的志业追求。

人生的际遇往往无法解释。辛亥革命前后，同盟会江苏省负责人、也曾是留日学生的袁希洛主持苏州公立第一中学堂的校政，学校自然成了江苏云水翻腾、风雷激荡的革命大本营。因了这位袁校长，叶圣陶和他的同学拉近了与时代的距离。袁希洛经常向他的学生宣传教育救国，于是，中学毕业前夕，叶圣陶在日记中坚定了自己的人生志向："此身定当从事于社会教育，以改革我同胞之心。"毕业时，袁校长介绍叶圣陶和他的一批同学走上了小学讲台。几年之后，叶圣陶和他的两位声气相投的同学一起，在古镇用直意气风发地开始了一场轰轰烈烈的教育改革运动，"做了中国教育史上从没有过的事"，上演了一出有声有色的教育改革活剧……也是在这里，叶圣陶发表了《小学教育的改造》等主张教育改革的文章，从此开始了长达60年的漫长教育思考，演讲、书信、社评、短论，皇皇25卷文集，无比朴实的文字处处闪烁着"教育为人生"的灼灼思想光华。

多少个春暮秋晨，徘徊在饱经沧桑的千年紫藤树下，我常常禁不住心生遐想：山水草木，也是乳汁，吸日月之精华，钟天地之灵气，聚江南温山软水之风韵，历几千几百回春风秋雨之滋养，紫藤以其特有的风姿和营养，成为这座校园的文化图腾，熏陶、滋育着莘莘学子，而叶圣陶就是其中的一位杰出代表。千岁紫藤，百年圣陶！在紫藤下和叶圣陶相遇，是命运对我的眷顾。

重新发现叶圣陶

叶圣陶是著名文学家，曾参与发起成立五四新文化运动中最早的文学社团文学研究会，并以《倪焕之》《多收了三五斗》等一批文学力作享誉文坛。他是名满海内的著名编辑家，是茅盾、巴金、丁玲等众多著名作家的"助产婆"。他在出版界也是声名赫赫，编辑出版过《小说月报》《中学生》《国文月刊》等影响深远的杂志以及一大批深受欢迎的国语教材。1988年2月16日，叶圣陶走完了长长的一生。第二天，新华社发出的通稿标题却是"政协

副主席　民进名誉主席　著名教育家作家　叶圣陶同志在京逝世"。新华社不愧是新华社！比之于文学、出版、编辑等方面的辉煌业绩，叶圣陶更是一位"高山仰止，景行行止"的著名教育家。

　　但是，这是一位到目前为止尚没有被人们充分认识的教育家。检索有关叶圣陶研究的文献，你会发现一个耐人寻味的现象：对叶圣陶文学作品以及出版成就的评论，从1920年代起即已见于报端，而对叶圣陶教育思想的研究却寥若晨星。1974年，香港《良友之声》杂志发表《教育家叶圣陶》的文章，这是研究教育家叶圣陶见诸史料的最早的文字，此后对叶圣陶教育思想的研究便寂然无声。一直到1990年代，内地学术界才有一些零星的叶圣陶教育思想的研究成果问世。其实，被人们忘却的不只是一个叶圣陶，还有一个教育家群体。

　　非但如此，对叶圣陶还存在着种种误读。叶圣陶是伟大的语文教育家，这一点毋庸置疑，但是如何评价叶氏语文观，却是一个颇有分歧而又无法回避的敏感问题。21世纪之初，课改风起，叶圣陶一度成为争议对象：否定者将其视作新课改的"绊脚石"、语文教育种种弊端的"罪魁祸首"，其主要依据乃叶圣陶主张语文"工具论"；辩护者却又言之凿凿，将"工具论"视为拯救语文的"诺亚方舟"。对同一个观点，争辩双方竟然如此针尖对麦芒。

　　面对如此纷纭复杂的局面，我和我的教育同仁们陷入了深思。我们觉得，喧嚣的现象背后，表现出一种思想方法的片面性。一方面，是对叶圣陶语文教育的理解不够全面完整，没有放在特定的时代背景下对它深刻解读，往往是片面肢解，各取所需；另一方面，是对教育改革价值取向的认识模糊，以为西方的理论可以照搬，一切都是外来的好，忽视了教育改革尤其是母语教育改革必须立足于传统语文教育经验，必须从本土教育资源中寻找理论支撑。于是，就在一片争论声中，我们学校却在大张旗鼓地宣传、学习和实践叶圣陶教育思想，用叶圣陶教育思想引领学校的各项教育教学工作。学校领导响亮地提出，要自觉地把学校建设成为叶圣陶教育思想的宣传阵地、实践园地和研究基地。在有关部门的支持下，学校决定建立"叶圣陶教育思想展馆"，而这个展馆的研究任务，便责无旁贷地落在我的身上。

　　这是一项十分艰难的研究工作。如前所述，关于叶圣陶教育思想，深入系统的研究和可资借鉴的成果很少，而种种"遮蔽"和"误读"却不一而足。"展馆"必须用清晰准确的文字和图片向人们传达：叶圣陶教育思想是什么？

为什么？它从哪儿来？意义在哪里？两年多的日子里，我就这样不停地爬梳剔抉，去粗取精，默默地做着"去蔽""还原"的研究工作。克罗齐有句名言：一切历史都是当代史。历史研究总是离不开研究者的当下情怀，换言之，我们今天对叶圣陶教育思想的研究，也必须从教育现实出发，发掘和寻找出对当下教育富有建设性的理论资源，重新发现叶圣陶。终于，在 2012 年 5 月纪念叶圣陶从教 100 周年之际，"叶圣陶教育思想展馆"在苏州一中隆重揭幕，我们对叶圣陶教育思想的崭新诠释也得到了社会各界的认可。由我选编的叶圣陶教育思想读本《如果我当教师》同时发行，并成为阅读热点，被多家教育媒体评为年度热门读物。继"叶圣陶教育思想展馆"之后，江苏省叶圣陶教育思想研究所获得批准，在苏州一中挂牌运行。苏州一中作为叶圣陶教育思想实践和研究基地的地位进一步凸显，"叶馆"和"叶所"的辐射效应和社会影响正与日俱增。

"教育为人生"的现实观照

我们将叶圣陶教育思想的总纲命名为"教育为人生"。中小学教育要着眼于学生的成长和终身发展，要为学生一生发展奠基 —— 正是这一着眼于人、人生和人的发展的思想，使叶圣陶教育思想根本区别于传统教育观念，从而获得了鲜明的现代意义和价值，跃上了 20 世纪新时代思想的潮头。支撑"教育为人生"这一理论大厦的，是教育本质观、教学观、全面发展观、儿童观、师表风范观等七根坚实的思想支柱。叶圣陶无意构建自己的理论体系，但是，他丰富、广阔和深刻的教育智慧，事实上支撑起了一座素朴、谨严而不失恢宏气度的教育思想大厦，叶圣陶因此也当之无愧地跻身于伟大教育家的行列。

深度走进叶圣陶之后，我常常有一串困惑和问题萦绕于心：用叶圣陶教育思想观照当下现实，我们的教育问题症结在哪儿？假如叶圣陶活在当下，他会做何感想？会不会发出比当年激烈十倍、百倍的"我呼吁"？还有，比之于中国历史上的教育家，叶圣陶及其同时代的那一群教育家意义何在？比之于同时代的教育家群体，叶圣陶的独特地位又在哪儿？这些问题概而言之，就是叶圣陶教育思想的历史地位和当代价值是什么。强烈的问题意识推着我不由自主地朝前走，对这些问题的探究已然成为我的一种浓郁的情结。

在对这些问题的思考过程中，李泽厚关于社会转型期文化的"转换性创造"思想给了我莫大的启迪，让我对叶圣陶及其同时代教育家群体的历史地位和当下价值，有了一种较为清晰的认识。这就是哲学的力量。

在一篇论文中，我写下了以下的话：

> 事实上，这种现象并非教育所独有，几乎是社会转型期的一种文化通病。因为一方面，传统文化中确有沉重的历史糟粕需要清理和剔除，不打破传统，就无法迈出走向现代化的步伐；而另一方面，文化传统中又积淀着民族文化的精华，保留着民族的文化胎记，现代化必须在这片丰饶的土地上出发，而不可能在一片废墟上起步。这也正是社会转型的艰难和复杂之处，是现代化历史进程中需要高度警惕和回避的"陷阱"……叶圣陶和20世纪中国社会现代化转型过程中出现的那一代教育名家，如蔡元培、黄炎培、晏阳初、陈鹤琴、陶行知等人一样，身上既集中体现了中国传统教育思想精粹，同时又具有鲜明的现代意识和现代精神。或者毋宁说，他们教育思想的形成过程，就是中国社会转型和教育现代化历史进程的个性化缩影。他们无一不是西方现代教育思想和中国传统教育智慧相结合并根植于中国教育土壤中的产物，相互映衬，相映生辉，共同谱写出现代化交响曲中属于教育的辉煌乐章。这是一笔丰厚的思想遗产和理论财富。

在经历了"独上高楼，望尽天涯路""为伊消得人憔悴"之后，我也似乎获得了"蓦然回首，那人却在灯火阑珊处"的喜悦。近三年来，我几乎马不停蹄地完成了"民国三书"的编选工作：《教育照亮未来——民国八大教育家经典文选》《什么是我们的母语：民国三大家论语文教育》《教出活泼泼的人——民国名家教育演讲录》。一卷编罢头飞雪！然而，无怨无悔，无愧我心，用我曾经说过的一句话来说就是"有一股激情在心中涌动，有一种使命在心中升腾"。我用"民国三书"作为对叶圣陶教育思想研究的深化与拓展，也以此对研究过程中产生的种种困惑尝试作答。当年，举家南下江南，我知道我是在做一次战略上的精神突围。然而，我只清楚我对教育现状不满，却并不明白应该怎么办；我知道我从哪儿来，却并不知道我要到哪儿去。感谢叶圣陶，是他让我明白，什么是真正的教育，什么是理想的学校，什么是有意义的教育人生；感谢千年紫藤，是她让我在这满目沧桑、深具历史感的地方，和叶圣陶有了一场美丽的相遇！

从小学讲台上走出的教育家

悬桥巷：最后一次科举考试的参加者

1894 年 10 月 28 日，农历九月三十，苏州城内东北角一个叫悬桥巷的小弄堂，几间低矮狭窄的小屋里，一个新的生命呱呱坠地。婴儿的父亲叶仁伯在地主家做账房，家境清苦。母亲朱氏，忠厚寡言，勤于持家。日子虽不宽裕，但男勤女俭，也还能凑合着过。年过四十得子的叶仁伯，对儿子寄予了厚望，为儿子起名绍钧，后绍钧读小学时，又请先生给他取字秉臣，出处是《诗经》中的句子"秉国之均，四方是维"，大意是掌握治理国家的枢纲，天下赖你维持。绍钧六岁，父亲即将其送入私塾，读《三字经》《千字文》《诗经》《易经》和"四书"；十一岁，参加县试、府试、道试，未中。第二年，清政府发布谕令，所有乡会试一律停止。科举从此成为历史。

秀才虽然没有当成，但童年这苦读经典的五年，为叶圣陶打下了坚实的国学基础。五四新文化运动中，叶圣陶投入满腔热情，身体力行创作白话文文学作品，并率先在教学中选用白话文，义无反顾地走在了新文化运动的前列。但他对语文、对教育的许多关键认识，始终没有走向极端，而是旧学与新学、东方与西方兼收并蓄，不偏不倚。这不能不归结于那段时期打下的"童子功"。

今天的悬桥巷，依然是苏州市平江街区一条僻静的小巷。这里已找不到叶家的一点儿旧影，连旧址和废墟也已杳然无踪。也是，当年贫寒人家的两间破屋陋室，岂能经受得住一个多世纪的风风雨雨？但也正是这贫寒的家境，铸就了少年叶圣陶谦逊与平和的性格。对于教育人来说，谦逊与平和可以说是不可或缺的职业品质。

今天，人们瞻仰、驻足的叶圣陶故居，是苏州十全街旁滚绣坊青石弄里的一座小院。1935年秋，已是名作家、名编辑的叶圣陶，用稿费和版税置下了这座院落。他很喜欢这个院子："苏州住的是新造的四间小屋，讲究虽然说不上，但是还清爽，屋前种着十几棵树木，四时不断有花叶可玩。"其时，叶圣陶就职于开明书店，每月只需用一周左右的时间去上海处理编务。1937年，七七事变爆发，9月，叶圣陶举家离苏。在这里，叶圣陶只住了不到两年。现在，这里成了《苏州杂志》编辑部，院门匾额上有书法家瓦翁题的"叶圣陶故居"字样。哲人萎矣！故居却仍然与文学发生着联系。这是合宜的。撇开其他方面的成就不说，仅仅在文学上，叶圣陶也是一个响亮的名字。但实事求是地说，这里的故居之于叶圣陶，只是一个象征性符号。要感怀少年叶圣陶的精神内蕴，还得去悬桥巷，去那条什么痕迹也没有留下的僻静小巷，去走走那青石板小路，去听听那见证沧桑的潺潺小河。

许多时候，感受不需要耳目，而要用心灵。

草桥中学：人生方向的选择与奠基

十二岁那年，叶圣陶入长元吴公立高等小学堂。因成绩优秀，第二年，即1907年，跳级进入刚刚成立的苏州公立第一中学堂就读。这是苏州第一所实行现代教育体制和教学方法的中等学校。因学校门前有一条玉带河，上架小拱桥名草桥，故校友们都称之为"草桥中学"。在草桥，叶圣陶一读就是五年。这是叶圣陶探索人生、奠定人生发展方向的非同寻常的五年。

时值世纪之交，维新潮一浪高过一浪。这所新式学校所开科目和读经应考的旧式私塾完全不同。首任校长蔡俊镛是一位留学日本的教育家，满脑子新思想、新观念。学校按现代教育的要求开设课程，正课有国文、算学、博物、经学、修身、历史、地理、体操、唱歌、图画，除此之外，还有附设课（相当于今天的选修课、研究性课程）——球类、国术、军乐、金石、丝竹、音韵学、度曲、尺牍、剥制（制作标本）等。叶圣陶在这里接受了完全新式的教育，不仅受到了西方现代科学的启蒙，还参加了丰富多彩的课外活动和社会活动。曾到无锡、南京、杭州等地修学旅行，有史地教员对经过的名胜和古迹做详尽说明，有理科教员相伴采集动植物标本；也曾组织文学社、办文学刊物。辛亥革命期间，草桥学生上街演讲，穿军服，背枪支，练习冲锋、骑马、打靶，到天平山旅行野营……

入草桥的第三年，一位老师帮他取字圣陶，取"圣人陶钧万物"之意。陶钧，是制陶器时把泥团旋成陶坯的转盘，做动词时有"陶冶、塑造"之意。对这次取字，当事人非常满意，几年后发表作品时即署名"圣陶"，之后又把"叶"姓与笔名"圣陶"连了起来，成为闻名于世的名字。不管这次改名是有心还是无意，"陶钧万物"确已成为叶圣陶一生的志业追求。无论是提出"为人生而文学"的响亮口号并卓有成效地付诸实践，还是践行一生的"为人生而教育"的教育思想，都有一根红线贯穿其中，那就是陶冶人心，造福社会。

人生的际遇往往无法解释。太多的巧合就是一种必然，一种时代赐予的机遇。在草桥中学，叶圣陶还幸遇了一位襟怀高远的中学校长。辛亥革命前后，同盟会江苏省负责人、留日学生袁希洛主草桥校政，草桥中学成了苏州云水翻腾、风雷激荡的一个革命大本营。辛亥革命胜利后，袁希洛作为江苏省代表去武昌商议组织中华民国临时政府，叶圣陶和他的同学一起为袁校长送行；之后，革命军 17 省代表在南京举行会议，孙中山当选为中华民国临时大总统，袁希洛代表各省向中山先生授临时大总统印。因了这位袁校长，叶圣陶和他的草桥校友拉近了与时代的距离。袁希洛向他的学生宣传教育救国的思想，他认为一个国家如果没有强大的经济做后盾，是很难在世界上立足的。而经济发展要靠科学，要靠教育，要靠人才。立国之本，首在教育。只有振兴教育，养成独立、自尊、自由、平等、勤俭、武勇、活泼的国民，才能振兴中华民族。晚年的叶圣陶还记得当年袁校长对他们的谆谆教诲："微小的实践远胜于空谈。"显然，新式教育如春风化雨，滋润、萌发了这批英才少年的"拿云心事"。中学毕业时，还是这位袁校长介绍叶圣陶他们这些同学去当小学教师。叶圣陶由此认定了自己的人生志向："此身定当从事于社会教育，以改革我同胞之心。"这是叶圣陶中学毕业之际写下的话。

1912 年 1 月，叶圣陶从草桥中学毕业。此时的叶圣陶无论如何也不会想到，将近一个世纪之后，一座命名为"一代师表 —— 叶圣陶"的汉白玉塑像会巍然坐落在他的母校校园，塑像所在的那片绿草茵茵的园子被人们亲切地称为"陶苑"。同样令他想不到的是，在草桥校园的纵深处，在那棵他上学时曾无数次环绕过的千年紫藤旁，"叶圣陶教育思想展馆"的匾牌将悬挂在一幢清代古建筑里。

甪直"五高"：一场轰轰烈烈的教育改革实验

1912 年 2 月，经校长袁希洛介绍，满腔激情的叶圣陶到苏州中区第三初等小学（言子庙小学）任教员。在这里，接受过现代教育熏陶的叶圣陶与保守的旧教育思想产生了激烈的冲突。两年半以后，校方以缩减班级为借口，将叶圣陶排挤出校。对于强者，坎坷和逆境只是一次又一次的人生砥砺。叶圣陶像一粒蓄积巨大生命能量的种子，在另一片土地上破土发芽，长成了参天大树。

这粒种子萌芽的地方，叫甪直；他所工作的新学校，叫吴县第五高等小学，简称"五高"。具有 2500 年文明历史的古镇甪直，位于苏州市东 20 多公里处。传说古代独角神兽"甪端"巡察神州大地时路经此地，见这里是一块风水宝地，就长期留在了这里，古镇因此名为甪直。当时的"五高"，不仅有礼堂、音乐教室等新式设施，而且校长的教育观念非常先进。校长吴宾若也是苏州公立第一中学堂毕业的，受过现代教育的陶冶。

1917 年寒假，叶圣陶收到时任"五高"校长、草桥中学同学吴宾若的邀请，到甪直担任小学教师，他的另一位中学好友王伯祥也在这里任职。在离开言子庙三年之后又能从事小学教学工作，并且是和意气相投的同窗好友共事教育，叶圣陶立即欣然前往。

三位声气相投、意气风发的草桥校友开始了轰轰烈烈的教育改革运动，"做了中国教育史上从没有过的事"。叶圣陶认为，教育不只是一种谋生手段，还是一种理想。教育是培养人的，但培养什么样的人却值得认真思考。学校当以学生为本，让学生得到健全发展，并享有自由。他们自编教科书，将白话文、新文学作品和乡土教材引入课堂，开语文教育的一代新风。在他们的白话文教材使用几年之后，全国才开始普遍使用白话文。他们创建学校图书馆，自掏腰包购买中外名著以及《新青年》《新潮》等刊物，指导学生阅读，让偏僻乡村吹进新时代的风。他们创办实验室，开辟"生生农场"这一师生共同劳动的园地，主张教育要与实践相结合。他们还开设诗文书画专栏，建立音乐室和篆刻室，自编剧本，自导自演。在江南水乡甪直古镇，这群年轻人上演了一出有声有色的"为人生而教育"的教育改革活剧。

叶圣陶在用直致力于教育改革的年头，正是五四新文化运动风起云涌的时代。尽管在偏乡僻壤，叶圣陶年轻的心却始终和时代脉搏同一节律。他实践着，也不断学习着、思考着。思想的种子一经萌芽，就没有什么力量能阻碍它的生长。1921年，叶圣陶结束了在用直四年多的教育工作，前往风起云涌的大都市上海，走向更为广阔的一片天地。在用直累积的教育改革和实践经验，为他以后的教育思想的形成提供了取之不尽的素材。1928年，叶圣陶在《教育杂志》上连载发表的长篇小说《倪焕之》，就带有浓厚的用直生活的气息。在用直期间，叶圣陶发表了《小学教育的改造》等文章，之后更是开始了长达六十年的漫长的教育思考。

叶圣陶把用直比作自己成长的摇篮，亲切地称之为"第二故乡"。叶圣陶辞世后，人们根据他的遗愿，在1988年12月将他的骨灰安葬于他当年工作的旧址。墓很小，非常符合叶圣陶先生谦逊的处世风格，墓边立一照壁，上面有赵朴初题写的"叶圣陶先生之墓"几个鎏金大字，庄重大气，令人肃然起敬。当年叶圣陶执教的几处旧址，经重行建修，现为叶圣陶纪念馆，供人们瞻仰缅怀一代师表的光辉业绩。

叶圣陶是一座高山。其包孕丰富、万木葱茏的峥嵘气象，或许会影响人们的清晰辨认。换言之，叶圣陶在文学、编辑和出版方面丰富而巍峨的成就，会部分遮蔽他教育思想的巨大光芒。同时，20世纪中国教育潮起潮落、波谲云诡的复杂语境，也影响了人们对教育杰出人物历史地位的准确判定。或者毋宁说，整整一个20世纪，时代都没有顾得上把它的焦距对准教育家这一特殊群体。被人们忘却的何止是一个叶圣陶，更是一个教育家群体。蔡元培、黄炎培、晏阳初、陈鹤琴、陶行知……有几人的教育思想被人们真正研究并付诸实践过？这是时代的隔膜和疏忽。

啊！教育家，我们已经分别太久太久！

重新发现叶圣陶

一

叶圣陶是 20 世纪中国著名教育家、文学家，是中国现代文化教育的一代宗师。文化史册上的叶圣陶，无疑是一个熠熠生辉的名字；然而，人们可能未必明白，作为一位教育家，叶圣陶，同时也是一个被深度"遮蔽"了的符号！

这种遮蔽，至少有三重。

其一，是来自叶圣陶自身多方面成就的"遮蔽"。

叶圣陶是一位著名的文学家，同时也是一位著名的编辑家和出版家。一系列卓尔不凡的业绩，成就了叶圣陶，同时也"遮蔽"了叶圣陶——"遮蔽"了作为伟大教育家的叶圣陶。1980 年代中期，对叶圣陶语文教育思想的学习和研究，一度形成热潮。但是，因为多停留在学科教学层面，缺乏对其教育思想和教育哲学的整体把握和本原探究，这种学习和研究并未深入持久，并且容易流于表面甚或片面。一直到 1990 年代，国内学术界才陆续有一些叶圣陶教育思想研究成果问世。

其二，是源于叶圣陶教育著作风格和体式的"遮蔽"。

按照叶圣陶自己的说法，"编辑出版工作是教育工作"，文学也是教育。如果这样算来，叶圣陶 25 卷皇皇巨著都没有离开过教育范畴。撇开这层意思不说，仅就叶圣陶专门论述教育的著述而言，它们也有一个鲜明特点，那就是如有些论者所说，"不追求教科书式的静态的理论体系构建"，而是始终紧贴教育教学实践的土壤，及时而敏锐地回答和探索教育教学实践中的重大现实问题，不是为构建体系而著，而是为回应现实而写。就体式而言，没有高头讲章，而是不拘一格，论述、谈话、书信、随笔，应有尽有；就语言而言，不追求名词概念，而是如话家常，用语平实、朴素、简单、明了。这种朴素平实的体式和风格，丝毫不影响其教育思想的深邃和教育智慧的圆融，因为，真理总是朴素的，文字的魅力在于思想。但是，对于一些习惯于"以貌取人"的人来说，叶圣陶的教育思想，似乎还缺少了点思想理论应该有的"架势"，譬如宏大体系，譬如满纸术语，譬如不借助注释就没法看懂的概念，等等。

其三，也是最为重要和根本的一点，是囿于历史条件的时代的"遮蔽"。

20 世纪中国社会风云激荡，波澜壮阔。叶圣陶积极投身时代洪流，以深厚的国学根底、广阔的文化视野和现代教育理念，从事文化教育工作 70 余载，深思慎取，博采众长，总结、提炼和积淀出了丰厚珍贵的教育思想。时代成就了叶圣陶，同时也"遮蔽"了叶圣陶。和 20 世纪社会风云胶着在一起的中国教育，潮起潮落，波谲云诡，这种复杂语境事实上也影响了人们对现当代杰出教育家的准确判定和评价。或者毋宁说，因为匆忙抑或因为迷失，整个 20 世纪，时代都没有顾得上把它的焦距对准教育家这一特殊的群体，当然也包括叶圣陶。这是时代的隔膜和疏忽。我们的教育已经并且仍在为这种隔膜和疏忽付出沉重的代价。当真正的教育家被人们冷落，当教育家们的思想和智慧为人们所怠慢，种种"伪教育""反教育"现象纷至沓来就是一种无法逃脱的宿命。

于是，对叶圣陶的误读几乎成为必然！

二

"遮蔽"与"去蔽"，"误读"与"还原"，是人类认识史上循环往复、永无止境的过程。当人们有一天蓦然回首，突然发现自己离真正的教育越来越远而急切地寻找教育原点的时候，他们会不由自主地把目光投向教育大师，投向那些经过岁月淘洗积淀下来的教育经典。

那么，教育家叶圣陶究竟向人们言说了什么？叶圣陶教育思想究竟具有怎样的思想内涵、逻辑力量和理论魅力呢？

叶圣陶教育思想的总纲，即"为人生"的教育本质观。中小学教育要着眼于学生的成长和终身发展，要为学生一生发展奠基。这是叶圣陶一以贯之的教育思想。一个世纪前，刚走上教坛不久的叶圣陶就多次著文，大声疾呼："小学教育的价值，就在于打定小学生一辈子有真实明确的人生观的根基。""学校教育的目的就在于使学生养成正确的人生观，因而不能不注意教育与人生的关系。"后来又多次提到教育要培养学生的"公民意识"，要让学生成长为民主社会的自由人，"原来现代教育的最后目标在养成一个个的自由人，在建立一个民主的自由社会"。正是这一着眼于人、人生和人的发展的思想，使叶圣陶教育思想根本区别于传统教育观念，从而获得了鲜明的现代意义和价值，跃上了 20 世纪那个时代的思想潮头。从这一总纲出发，叶圣陶在知识与生活、学科教学与教育目标、教学过程与教学方法、教师师德与师表风范、语文教学与课程建设等一系列重要领域，提出了诸多见人所未见、发人所未发的思想观点。其要旨即如本书以七个专辑形式呈现出来的主要内容：

（1）"学校教育应当使受教育者一辈子受用"的教育本质观。

（2）"教育就是要养成良好习惯"的素质教育观。

（3）"教是为了达到不需要教"的教学哲学观。

（4）"受教育的人的确跟种子一样"的学生主体观。

（5）"德育总跟智育、体育结合在一起"的全面发展观。

（6）"国文是发展儿童心灵的学科"，是"应付生活的工具"的语文教育观。

（7）"教育工作者的全部工作就是为人师表"的师表风范观。

叶圣陶无意构建自己的理论体系，但是，他丰富、广阔和深刻的教育智慧，事实上支撑起了一座素朴、谨严而不失恢宏气度的教育思想大厦。叶圣陶因此也当之无愧地跻身中外著名教育家的行列。

叶圣陶教育思想的特点，在于它的实践性、民族性、创新性。

叶圣陶从不做"学究式"的概念推演和"书斋式"的坐而论道，而是深入植根中国教育实践的土壤，始终从教育教学实际出发，不断提出、探索和回答教育现实中的重大问题。从小学、中学到大学的教学履历，从教学活动到编辑出版多种深受欢迎的教科书和中学生课外读物，从学校微观教改到关注全局教育问题，70 年的教育生涯，使叶圣陶对教育教学获得了一般人难以比拟的丰富实践体验。问题就是课题，挑战就是机遇，对现实问题的思考、探索和不断回应，也成就了叶圣陶教育思想可贵的实践性品格。

叶圣陶的教育教学思想，以代表中国传统教育根本的语文教育为丰厚基础，以自身深厚的国学素养为坚实依托，以丰富的汉语文学创作体验为经验源泉，以现代教育思想为指导，包孕深厚的中国历史文化图景和现代文化底蕴，具有浓郁的中国特色和民族风格。幼时苦读经典的五年，为叶圣陶打下了坚实的国学基础；几十年的语文教育经历再加上其他教育家极少具有的成功的文学创作经验，使叶圣陶对汉语文的特点和规律，有着极其深刻的把握和领悟。这种对具体某一学科的洞悉和彻悟，以及对整个教育的宏观思考，彼此交替，相互升华，水乳交融，相得益彰。我们似乎很难说清其实也无须说清，是叶圣陶对教育本质的深刻把握影响和决定了他的语文教育观念，还是他丰富的语文体验奠定了其教育思想的坚实基石。无可辩驳的是，叶圣陶对语文乃至教育许多关键问题的认识，对民族教育传统和西方现代教育思潮，始终是兼收并蓄、扬长避短、放胆"拿来"、植根本土的，民族性因而成为叶圣陶教育思想的一种底色；而他的汉语创作体验和语文教育实践，无疑使这种底色更为丰厚而鲜明。

叶圣陶教育生涯始于民国肇造，其教育思想萌生于五四新文化浪潮，形成于 20 世纪三四十年代，五六十年代发展深化，八十年代臻于完善。终其一生，叶圣陶始终走在时代前列，顺应现实社会变革要求，不懈地对中国传统教育思想、教育文化和外国教育思潮、教育理论进行反思批判和继承革新，充分体现出与时俱进的时代精神和改革创新的生命活力。翻开叶圣陶教育篇章，教育改革、教育改造、教育变革之类的字眼俯拾即是，贯穿始终。晚年的叶圣陶借吕叔湘"教育更像农业而不像工业"的比喻，提出了"受教育的人的确跟种子一样"的著名论断，尊重个性，凸显个体，包孕着培养学生创新意识和创造能力的宝贵思想。变革与创新是叶圣陶教育思想一以贯之的主旋律。

叶圣陶教育思想，是在 20 世纪我国社会改革和教育发展历程中形成的具有鲜明中国特色和中国气派的现代教育思想，是一份十分宝贵的教育思想财富。

三

高度决定视野。也许，变换一下视角，我们就会更加清晰地判定叶圣陶以及 20 世纪（主要是上半叶）那批教育家群体的历史地位，也会更加准确地认识他们的思想意义和实践价值。

自 1840 年锁闭的国门被西方列强用坚船利炮打开之后，中国就进入了如史学家所说的"惊涛骇浪的历史三峡"。亡国灭种的危机，使得那一代教育家的教育思考和实践，无不和救亡图存的社会改革理想联系在一起。叶圣陶也是这样。他所接受的主要教育是中学五年的新式教育。中学毕业时，叶圣陶即在日记中认定了自己的人生志向："此身定当从事于社会教育，以改革我同胞之心。"从踏上教育舞台初期，叶圣陶就主动自觉地应和着现代文化运动、社会改革思潮的节拍和旋律。正是这种强烈的社会责任，使叶圣陶在长期的教育思考和实践中，不断冲破封建教育的思想罗网，积极汲取西方现代教育的思想精华，艰辛地探索一条适应社会需要的现代公民培养之路。叶圣陶教育思想是对封建传统教育思想的反叛，具有鲜明的科学民主意识，它划清了封建传统教育和现代公民教育的界限，也因此获得了鲜明的时代特征和现代品质。

叶圣陶教育思想的这种现代属性，是我们理解叶圣陶以及那一辈教育家教育思想的总钥匙。叶圣陶关于教育的种种思考，都可以通过这把总钥匙得以入其堂奥。中国社会现代化转型是一个漫长的历史过程。在这艰难曲折的转型过程中，我们已经并且还会继续遇到叶圣陶当年奋力抵抗的种种问题，如陈腐落后的"臣民意识""利禄主义""知识本位""瓶子观点"等。正因为此，叶圣陶及"叶圣陶们"的教育思想非但不会过时，许多时候，他们思想的高贵雍容还会和教育现实的寒碜鄙陋构成一种紧张、对峙的关系，以至有时候我们不清楚到底是先贤们走得太远、太过浪漫，还是我们的教育太过现实、太过功利或者干脆就是在原地踏步甚或退步？

然而，历史的吊诡之处恰恰在于：一方面，叶圣陶教育思想因其深刻的现代性而被有些人认为是超越现实、难以企及的理想和浪漫；另一方面，因为近些年社会转型的急剧加快，大量西方教育思潮和教育理念接踵涌来，而叶圣陶教育思想却因其深厚的传统色调和鲜明的民族特质，被有些人认为是明日黄花，似乎成为陈旧、保守的代名词，是亟须走出和突破的理论"窠曰"。不仅仅是叶圣陶，对于传统教育思想，人们在教育改革进程中往往会有意无意地淡忘、轻慢甚或遗弃。

事实上，这种现象并非教育所独有，几乎是社会转型期的一种文化通病。因为一方面，传统文化中确有沉重的历史糟粕需要清理和剔除，不打破传统，就无法迈出走向现代化的步伐；而另一方面，文化传统中又积淀着民族文化的精华，保留着民族的文化胎记，现代化必须从这片丰饶的土地上出发，而不可能在一片废墟上起步。这也正是社会转型的艰难和复杂之处，是现代化历史进程中需要高度警惕和回避的"陷阱"。我们能够彻底摈弃文化传统，丢失民族精神胎记而来一个"华丽转身"吗？显然，不需要也不可能。如同社会转型离不开对传统文化的继承创新一样，在教育现代化进程中，我们在大力学习借鉴国外先进教育理念的同时，也绝不应该忘记我们的教育从哪里来，要到哪里去，对于我们丰富而优秀的民族教育传统，必须认真学习和继承。我们应该具有高度的文化自信和文化自觉，既敞开我们的胸怀，学习国外一切先进的教育思想和理念，牢牢守住我们民族教育的根，汲取传统教育思想精华，成功实现传统教育的现代转型。尤其需要强调的是，对 20 世纪中国社会现代化转型过程中出现的那一代教育名家，如蔡元培、黄炎培、晏阳初、陈鹤琴、陶行知、叶圣陶等人的教育思想，应该给予特别重视和高度关注，原因在于，他们身上既集中体现了中国传统教育的思想精粹，同时又具有鲜明的现代意识和现代精神。或者毋宁说，他们教育思想的形成过程，就是中国社会转型和教育现代化历史进程的个性化缩影。蔡元培的美育思想、黄炎培的职业教育思想、晏阳初的平民教育思想、陈鹤琴的活教育思想、陶行知的生活教育思想、叶圣陶的为人生教育思想，无一不是西方现代教育思想和中国传统教育智慧相结合并植根于中国教育土壤中的产物。他们相互映衬，相映生辉，共同谱写出现代化交响曲中属于教育的辉煌乐章。这是一笔丰厚的思想遗产和理论财富。显而易见的是，对于今天常常令人眼花缭乱的基础教育而言，叶圣陶教育思想尤其具有鲜明的现实针对性和适切性。

时光荏苒，岁月漫漫，中国社会仍处于从传统向现代的深刻转型之中。社会转型必然呼唤教育转型，教育转型必然面临种种挑战，各种深层次的矛盾、困惑和观念冲突必然逐渐浮出水面。教育应该如何搞？学校应该如何办？怎样看待国外教育经验以及我们自己的教育传统？教育现代化应该在怎样的历史方位上起航？这些都是十分敏感而且不容回避，迫切需要回答的问题。在这艰难痛苦而又执着前行的伟大历史进程中，叶圣陶教育思想的巨大价值和重大意义，已经并且必将越来越清晰地为人们所认识和理解。今天，我们应该怎样当教师？且让我们放慢脚步，静下心来，聆听大师的声音。

（本文为《如果我当教师》导言，教育科学出版社 2012 年 5 月版）

路径、方向和里程碑

一

近年来，著名的"钱学森之问"时常焦灼地拷问着中国教育，也拷问着所有真正具有教育情怀的人。"为什么我们的学校总是培养不出杰出人才？"其实，谁都知道，这个疑问隐含着的问题是：我们的学校到底出了什么问题？我们的教育究竟病在哪里？于是，破解曰：让教育家办学，让真正明白教育规律的教育家办学！应该说，这个结论还是经得住逻辑辩驳和历史检验的。但是，人们似乎还应该顺势追问：我们为什么没有让教育家办学，或者毋宁说，我们为什么没有教育家？

也许，这样的追问显得执拗而迂腐，但学理的探求却无法模棱两可、含糊其辞。如果说前一问还可以避重就轻地在教育内部寻因觅果，那么，后一问则必须在更复杂的系统和更宏大的背景下刨根究底。显然，这一问题太过艰深和繁杂，破解的历史条件尚未完全成熟。但是，我们似乎可以换一种思路，譬如，我们可曾有过人才辈出的学校？可曾有过教育家蜂起的年代？如果有，他们会给今天的教育留下怎样的启示和教益？

打开近些年回望民国的书刊，你会发现我们确曾有过那么一个历史时期，大师辈出，精英群起。即便是战乱频仍，学校，依然弦歌一堂，诗意而温暖；教师，仍然桃李天下，高贵而尊严。为什么？拂去岁月的烟尘，原来奇迹的背后，有一个灿若星斗的教育家群体。他们正是民国教育的脊梁和灵魂式人物。披读他们风格各异却一样厚重沉实的文字，我常常觉得，这不是回响在一个世纪以前的声音，其思想的灼灼光芒已穿越时空，直逼今天的教育现实。是的，岁月易老，而思想之树常青；百年暌隔，归来时我们不觉有一点儿生分，却似故人相见，亲切而温馨！

二

为什么时隔百年的文字如此历久弥新，为什么越过世纪的声音依然振聋发聩？答案就是，我们共处中国现代化转型这一漫长的历史时期，面临着由封建教育向现代教育转型的共同历史语境。不能说百年来教育没有进步，教育事业的翻天覆地有目共睹：教育普及前所未有，教育规模盛况空前，教育硬件日新月异……但是，教育的品质、理想、修为却越来越让人们忧心忡忡；形形色色的教育改革如过江之鲫，结果却似乎总是离真教育越来越远。于是，逻辑的结论便是：返璞归真，回到原点，弄清楚我们从哪里来，要到哪里去。

追溯中国现代教育的起点，我们大概无法回避 20 世纪初叶的教育历史。而恰恰是现代教育的那一肇始时期，社会革故鼎新，教育生机勃勃，一批怀着教育救国理想的志士仁人，用他们坚苦卓绝的实践和思考，谱写了现代教育史上辉煌的篇章。既然同处传统向现代转型的历史时空，既然今天的教育是昨天的绵延和继续，既然他们曾经遇到的问题依然是我们的痛楚和困惑，那么，回眸，就不仅仅是诗意浪漫的怀旧，寻找思想资源、汲取前行力量才是必然选择。在《重新发现叶圣陶》一文中，我曾说以下这段话：

对 20 世纪中国社会现代化转型过程中出现的那一代教育名家，如蔡元培、黄炎培、晏阳初、陈鹤琴、陶行知、叶圣陶等人的教育思想，应该给予特别重视和高度关注，原因在于，他们身上既集中体现了中国传统教育的思想精粹，同时又具有鲜明的现代意识和现代精神。或者毋宁说，他们教育思想的形成过程，就是中国社会转型和教育现代化历史进程的个性化缩影。蔡元培的美育思想、黄炎培的职业教育思想、晏阳初的平民教育思想、陈鹤琴的活教育思想、陶行知的生活教育思想、叶圣陶的为人生教育思想，无一不是西方现代教育思想和中国传统教育智慧相结合并植根于中国教育土壤中的产物。他们相互映衬，相映生辉，共同谱写出现代化交响曲中属于教育的辉煌乐章。这是一笔丰厚的思想遗产和理论财富。

其实，民国教育家远不止这些，还可以开出一个长长的名单，有的在理论上卓有建树，更多的则是在实践中做出了不凡业绩。今天的教育工作者，应该认真汲取他们的教育思想、智慧和实践经验，在新的历史条件下传承、发展和创新，为教育真正走向现代（这里不用"现代化"概念，是为了避免误解和曲解，以为有了现代化装备就是教育现代化。教育现代化的标志是教育现代性而不是装备现代化，限于题旨本文不做展开）提供丰盈而充足的思想资源。首要的是学习和继承。长时期以来，我们对这一思想资源有过轻慢、偏见或者误读，有意无意地为他们贴上这样那样的标签而忽视他们的巨大价值。其实，民国教育家虽然主张不同、风采各异，但都具有许多共同的思想和精神特质。譬如，他们都志向高远，怀有强烈的社会责任感，自觉地把培养现代公民作为教育宗旨；都拥有深厚的旧学渊源和广阔的西学背景，和封建教育勇敢决裂而又辩证地吸收传统教育精髓，大胆借鉴西方现代教育精神为我所用，立足中国土地；都着眼于人的素质的全面发展和进步，高度关注体育、美育和社会实践，而不是只把目光落在文化成绩上；都不仅抱持教育情怀，坚守教育立场，以教育改造社会，而且脚踏实地、知行合一，如农夫一样辛勤劳作在教育一线……也许，正是这些特质，构成了教育家的思想品格和精神底色，从而使他们在烽火连天的乱世，做出了名垂史册而让后人仰慕不已的业绩。如果把教育转型比作一程漫长的征途，那么，我们是否可以说，他们就是这一征途上最初的丰碑，标示着路径，指引着方向，也呈现出他们的思想和智慧曾经达到的深度和高度？筚路蓝缕，以启山林，我们应该循着他们探求的足迹，继续寻找今天的教育改革和转型之路。

三

民国教育家灿若群星。评定其贡献、排列其位次不是本书宗旨，也绝非编者学养识见之所能及；但本书遴选过程中确曾反复斟酌、仔细权衡，最后确定蔡元培、胡适、张伯苓、经亨颐、晏阳初、陈鹤琴、陶行知、叶圣陶八位名家入选。其权衡之标准、选择之依据，以及选编过程中的种种考量，也应借此机会向读者朋友做一必要的交代。

一是普适性。本书以中小学及幼儿教育工作者为主要阅读对象，因此无论是确定人选，还是遴选篇目，都充分考虑了普遍性、适切性因素。除蔡元培、胡适外，其余六人均为中小学或幼儿教育之名家，或以办学业绩闻名海内，或因理论建树卓然成家，謦欬在耳，如沐春风，可谓极一时之选。蔡元培、胡适尊为大学校长，但他们倡导的思想主张，其意义绝非限于高等教育，对基础教育一样具有极其重要的指导价值。譬如美育，可以说目前中小学极其匮乏，亟须加强。而加强美育，对滋养心灵、健全人格，激发创造精神和创新意识，则意义重大，影响深远。民主教育也可作如是观。传统养生医学讲究缺什么补什么，为当下中国的基础教育补充思想"钙质"，是本书编选的重要考虑之一。

二是经典性。经典离不开创造，创造的却并非都是经典。经典须是时代精神的杰出代表。20世纪初叶的中国社会风云激荡，入选本书的教育家，无一例外地积极投身于时代洪流，他们以深厚的教育情怀、广阔的文化视野，从事教育实践，深思慎取，博采众长，总结、提炼和积淀出了各具魅力的教育思想。经典的魅力来自岁月的积淀，经典的生命源于品质的卓越。百年风云已经渐行渐远，可是，岁月淘洗出来的那些思想和智慧，却醇香依旧，活在现代教育的史册，更活在几代教育人的心中。譬如南开（张伯苓）、春晖（经亨颐）这些令人肃然起敬的名字，譬如"怀揣一颗心来，不带半根草去"（陶行知）、"教育就是培养良好习惯"（叶圣陶）这些耳熟能详的名言……当然，他们的价值远不止于被人们记住，得时代风气之先的现代性精神底蕴才是其生命力和魅力之源。

三是实践性。八位教育家中，大多具有较长时间留学海外的经历，西方现代教育的熏陶浸润，开拓了他们的视野和胸襟，但欧风美雨并没有让他们食洋不化。他们的共同特点是：植根于中国教育的土壤，借鉴西方现代教育精神，立足实践，面向现实，大胆创新，着眼于切实解决中国教育实际问题。他们的教育思想具有鲜明的中国特色和中国气派，包孕着现代教育转型的丰富信息、图景和启示，是行动性、实践性很强的一笔宝贵财富。譬如晏阳初，和他的"平教会"同仁一起，挈妇将雏，从繁华都市迁居乡村，全力实践他的平民教育理论；譬如陈鹤琴，为了研究儿童心理，亲自创办中国第一所实验幼稚园，作为其理论研究的实验基地……可以说，在丰富实践经验基础上的理论概括和创新，是本书八位教育家的共有品格和追求。

前贤风范，师表长存。时代呼唤教育家！教育家在哪里？治本之道还是要从教育管理的体制机制上痛下决心改革，创造一个让学校成为办学主体的社会环境，为校长和教师真正"松绑"，营造按教育规律办学的宽松氛围。农民都知道，庄稼要茁壮成长，土壤和气候最重要。教育家也是如此。如果本书能为改良这"土壤"和"气候"提供一些可资借鉴之处，能为未来教育家的成长增加若干思想资源，那将是一件让人倍感荣幸和欣慰的事。

由于编者水平有限，缺点舛误在所难免，恳请读者诸君批评指正。

（本文为《教育照亮未来 —— 民国八大教育家经典文选》导言，华东师范大学出版社 2013 年 7 月版）

在叶圣陶语文旗帜下重新集结

一

《教育照亮未来——民国八大教育家经典文选》书稿刚一交出，我就几乎马不停蹄，投入《什么是我们的母语：民国三大家论语文教育》一书的编选工作中。毋庸讳言，有一股激情在心中涌动，有一种使命在心中升腾。我明白，这本集子已然成为我的情结，一天不编出来，我就仿佛一天欠了一笔情感上的债。

这份情结源自近年来对叶圣陶教育思想的学习和研究。

在为"叶圣陶教育思想展馆"爬梳理论脉络的那些日子里，有一个问题时时在纠缠着我，那就是如何理解叶圣陶语文教育观。这是叶圣陶教育思想七根支柱中的重要一根。显然，如果不把叶圣陶语文教育观说清楚，那么叶圣陶教育思想体系这座宏伟大厦便无法矗立，至少不够完美。叶圣陶是伟大的语文教育家，这一点大概无人质疑；但是如何评价叶氏语文观，却是一个颇有分歧而又无法回避的敏感问题。

早在 1980 年代，以《叶圣陶语文教育论集》的出版为主要标志，我国语文教育界曾出现过一轮学习、实践叶圣陶语文教育思想的热潮，语文教师应当就是在那时或稍后初步接触了叶圣陶语文教育思想的。后来，这轮学习活动渐渐冷却下来，叶圣陶也似乎渐渐淡出了人们的视野。21 世纪初，课改风起，叶圣陶一度成为争议对象：否定者将其视作新课改的"绊脚石"、语文教育种种弊端的"罪魁祸首"，其主要依据乃叶圣陶主张语文"工具论"；辩护者却又言之凿凿，将"工具论"视为拯救语文的"诺亚方舟"。对于同一个观点，争辩双方竟然如此针尖对麦芒，这在学术争论中是不常见的。

那么，这是为什么？

带着这一个个疑问，我无数次走进叶圣陶文本，走进相关研究文献，真实的历史是：尽管叶圣陶在不同历史时期多次提出过"语文是生活工具"之类的观点，却从没有将语文性质定为"工具"（吕叔湘先生在为《叶圣陶语文教育论集》所作的"序"中最早做出这样的归纳，此不展开）；而且每一次提出"语文是工具"，都是在特定语境下对当时忽视、扭曲甚至异化语文的一种矫正。而早在1922年1月，叶圣陶在他发表的《小学国文教授的诸问题》一文中就明确指出："第一，须认定国文是儿童所需要的学科。""第二，须认定国文是发展儿童的心灵的学科。……学童所以需要国文，和我们所以教学童以国文，一方面在磨练情思，进于丰妙；他方面又在练习表出情思的方法，不至有把捉不住之苦。"1923年，叶圣陶在他撰写的新学制《初级中学国语课程纲要》中，更是把"使学生有自由发表思想的能力""使学生发生研究中国文学的兴趣"列为四项目标中的两项，鲜明地彰显了语文的精神和人文特色。后来叶圣陶又在《对于国文教育的两个基本观念》一文中指出："国文既是发展儿童心灵的重要学科，也是人生应付生活的必需工具。"只有把这两点放在一起，才完整准确地表达出叶圣陶的语文教育观，也才是对语文学科性质的科学认识。

因此，在"叶圣陶教育思想展馆"中，我即按照这样的理解，对叶圣陶语文观进行诠释；在叶圣陶教育思想读本《如果我当教师》中，我也是依据这样的理解，单列一个语文观专辑遴选文章。但是，着眼于叶圣陶整个教育思想体系，"语文观"仅是其中之一维，限于体例和篇幅，颇觉意犹未尽。

本书所做的，正是拟将在"叶圣陶教育思想展馆"和《如果我当教师》中的未竟之意，尽情尽兴地绾一个结。

二

学术研究的最大收获，可能不是附着在成果之上的所谓名利，而是获取成果过程中的种种"发现"以及伴随其间的成功和喜悦。在探求叶圣陶语文教育观的过程中，我似乎也有这种体验。这就是叶氏语文观不仅属于叶圣陶，而且属于和叶圣陶同声相应、同气相求的另外两位民国语文大家夏丏尊和朱自清。

叶圣陶一生朋友很多，但是若论把个人情谊同学术志趣完美结合的朋友，可能非夏丏尊和朱自清莫属。有关他们三人之间的终身友谊，读者可参阅马建强的《三人行，行行重行行》（刊载于《钟山》2012年第3期），该文曾引述叶圣陶孙女叶小沫先生的一段回忆：

> 一次在饭桌上吃饭，爷爷和爸爸照例喝着酒。不知怎么说起了外公，爷爷忽然泪流满面放声大哭，连声说："好人，好人！"（叶小沫《我的外公夏丏尊》）

叶小沫说，叶圣陶长长的一生当中，让他这样大放悲声的，除了夏丏尊，只有朱自清。诚如斯言！在《佩弦周年祭》一文中，叶圣陶就曾这样写过："我喝多了白干，不记得怎么谈起了你，就放声而哭，自己不能控制。"1921年7月，叶圣陶在上海中国公学任教，结识朱自清；1931年，任开明书店编辑，订交夏丏尊。三人切磋砥砺，莫逆终生，成就一段杏坛佳话。夏丏尊1946年去世，和叶圣陶交谊15年；朱自清1948年病逝，和叶圣陶交谊27年。在《叶圣陶集》中，怀念夏丏尊、朱自清的诗文有近20篇。不仅如此，叶圣陶和夏丏尊或朱自清合著的书籍达14种之多，其中重要的语文教育著作有：

《文章讲话》	夏丏尊、叶圣陶合著
《开明国文讲义》	夏丏尊、叶圣陶等合编
《文心》	夏丏尊、叶圣陶合著，朱自清作序
《国文百八课》	夏丏尊、叶圣陶合编
《阅读与写作》	夏丏尊、叶圣陶合著
《精读指导举隅》	叶圣陶、朱自清合著
《略读指导举隅》	叶圣陶、朱自清合著
《国文教学》	叶圣陶、朱自清合著

…………

"嘤其鸣矣，求其友声。"老一辈学人之间，讲究的是以文会友，以友辅仁。叶圣陶和夏丏尊、朱自清之间深厚情谊的形成，既有他们性情淳厚、志趣相投的性格因素，同时也与他们的语文教育观高度契合分不开。这一点不仅表现在他们有如上所述众多的合著，同时也在他们各自的著述中清晰地表现出来。发轫于 20 世纪初叶的现代语文教育，是一场重大的教育变革。一路走来，筚路蓝缕，面临着许多教育史上从未遇到过的历史难题，来自旧势力的重重阻挠和前进旅程中种种无法避免的现代化陷阱，都使得那一代语文人义无反顾地投身于语文教育转型的探求和改革之中。

这是历史赋予一代人的使命！

沧海横流，风云际会，大转折时代的苍黄风雨催生出一代语文教育家，而其中可以称之为学派的，我以为首推叶圣陶、夏丏尊、朱自清，似可简称为"叶氏语文学派"。这应该是现代教育史上第一个具有学派意义的语文流派。关于学派的形成，有人认为大致有赖于师承、地域、问题三种因缘，因而学派大体上可归为三类，即"师承性学派""地域性学派"和"问题性学派"。如果此说不谬，那么叶氏语文学派当属"地域性学派"，也可说是"问题性学派"。他们从事中小学语文教育的地域主要在江浙地区，而由传统至现代的语文教育变革则是他们所共同面临的时代课题。

三

那么，叶氏语文学派具有哪些共同的思想倾向、精神特质和语文主张呢？

现代意识

叶圣陶、夏丏尊、朱自清都是时代之子、教育志士，救亡图存的时代浪潮是他们共同的生存语境，五四新文化运动是他们共同的精神血脉。1905 年，19 岁的夏丏尊负笈东瀛，入东京弘文学院，后考入东京高等工业学校；1907 年辍学回国后，即应浙江两级师范学堂之聘，担任国文教师，并积极投身教育改革，倡导白话文教学。为实现理想教育，夏丏尊还邀请一批志同道合的同志到春晖中学，在白马湖畔营造了一个名闻遐迩的教育环境。他在从日译本翻译的意大利亚米契斯所著的《爱的教育》一书中，更彰显了"爱是教育的灵魂"的教育理念。"教育没有了情爱，就成了无水的池，任你四方形也罢，圆形也罢，总逃不了一个空虚。"夏丏尊写在译者序言里的这句话早已成为情感教育的经典名言。叶圣陶比夏丏尊小八岁。1912 年中学毕业前夕，叶圣陶写下了"此身定当从事于社会教育，以改革我同胞之心，庶不有疚于我心焉"的豪言壮语，随即投身小学教育。1917 年，叶圣陶在甪直和志同道合的朋友们一起，开始了轰轰烈烈的教育改革运动，做了中国历史上从未有人做过的事。1919 年叶圣陶发表第一篇教育论文《今日中国的小学教育》，提出"小学教育的价值，就在于打定小学生一辈子有真实明确的人生观的根基"，由此奠下了其"为人生"教育思想的第一块基石。朱自清 1916 年中学毕业并成功考入北京大学预科，积极参加五四爱国运动，嗣后又参加北大学生为传播新思想而组织的平民教育讲演团。投身新文化运动后，其作品热切地追求光明，憧憬未来，有力地抨击黑暗世界，揭露血泪人生，洋溢着反帝反封建的革命精神。反对旧教育、提倡新文化、教育救国、培养公民的现代教育理念是他们共同的价值追求。因此，和旧式教育的科举应试、读经作文有霄壤之别，他们的语文教育观具有鲜明的现代意识。

文学底色

叶圣陶、夏丏尊、朱自清都是现代著名作家。叶圣陶、朱自清无须赘言，他们都以丰硕的创作成果跻身于现代文学名家之列。夏丏尊也是中国新文化运动的先驱者之一、文学研究会的第一批会员。1924 年他翻译出版了《爱的教育》，影响了几代教育人；他还曾翻译过日本山田花袋的《棉被》，是中国最早介绍日本文学的翻译家之一。夏丏尊的学术著作还有《文艺论ABC》《生活与文学》《现代世界文学大纲》等。"操千曲而后晓声，观千剑而后识器。"（刘勰《文心雕龙》）丰富的创作经历，深厚的文学情怀，成功的创作体验，这些无疑使他们对汉语本质特征、审美特性和学习规律有了独到而深刻的把握和领悟。首先，在教材编选上，文学作品占有相当比重。叶圣陶说过："小学生既是儿童，他们的语文课本必得是儿童文学，才能引起他们的兴趣，使他们乐于阅读，从而发展他们多方面的智慧。"当年，叶圣陶编写的《开明国语课本》受到社会普遍欢迎，其浓郁的文学特质是重要原因，更重要的是其对学科性质的理解和把握。"文字是一道桥梁。这边的桥堍站着读者，那边的桥堍站着作者。通过了这一道桥梁，读者才和作者会面。不但会面，并且了解作者的心情，和作者的心情相契合。"这是叶圣陶的话，其实也表达出他们共同的语文教育观。作者的心情，就是作者凭借文字营造出来的氛围、意境、思想情感。概言之，是作者流淌在文字中的生命，是源自作者心灵的歌哭，或者说，就是作者的心灵；而触摸作者心灵的路径，就是文字。语文教育的全部秘密，就在于此。真理就是如此简单纯朴。没有对文字奥秘和语言规律的深刻洞悉，是很难有如此切中肯綮之言的。

民族传统

三人中，夏丏尊曾负笈东瀛，朱自清曾游历欧美，但时间都不是很长；而叶圣陶则一直立足国内。无论出国与否，他们都积极吸收西方现代教育理念，却又从不做"学究式"的概念推演和"书斋式"的坐而论道，而是深深植根于中国教育土壤，始终从教育教学实际出发，不断提出、探索和回答语文教育现实中的重大问题。他们都以自身深厚的国学素养为坚实依托，以丰富的汉语文学创作体验为经验源泉，以长期亲力亲为的教学实践和教材编辑实践为研究基础，接受西方先进理念但绝不照搬，从中国传统文化中汲取营养，孜孜探求契合汉语言审美特性、符合汉语言学习规律的现代语文教育方法，从而形成了具有浓郁中国特色和民族风格、蕴含深厚中国历史文化底蕴和现代文化素质的语文教育思想。例如叶圣陶的"揣摩说"、夏丏尊的"语感说"、朱自清的"咬文嚼字说"等教学方法论，无一不折射出他们对汉语言文字特性的精湛把握和深刻领悟。应该说，这些方法承继了传统语文教育的优良传统，是符合汉民族语文学习规律的经验之谈。这样的语文学习，紧紧抓住"语言"这个抓手，深入语言的精神内涵，既能有效提升语文素养，又能深入挖掘语言深处蕴含的人文情怀。如此，母语的魅力和诗意都在语文学习过程中尽情彰显。走进语文，便是亲近母语，便是走进我们的精神家园。

四

在《教育照亮未来——民国八大教育家经典文选》一书中，我聚焦叶圣陶和其同时代的民国教育家，做教育理念方向的横向比较，试图从教育家层面厘定叶圣陶教育思想的历史地位；本书则聚焦叶圣陶和其同时代的语文教育家，做学科方向上的横向比较，试图从语文教育家层面探寻叶圣陶语文教育思想的历史坐标。如此，这两本书和《如果我当教师》（叶圣陶教育思想读本）一起，形成了三个不同维度，支撑起叶圣陶教育思想（包含语文教育观）研究的一个稳定而自足的文本世界。

那么，该如何认识叶圣陶、夏丏尊、朱自清语文教育思想的历史地位和当代价值呢？换言之，我们今天除了向先贤们表示仰慕和敬意之外，是否还有必要从他们的语文教育思想中汲取营养和智慧呢？当然，回答是肯定的。

从历史的角度看，叶圣陶等人所处的时期，正是中国社会由传统向现代转型的肇始，语文（时称国文）教育也正如一个新生婴儿，旧时代之脐带和新时代之胎记相互缠结，经验和教训杂陈，辉煌和艰难并在。他们所进行的一切探索和创造，对于今天的我们来说，都是一笔宝贵财富，具有传承和借鉴的重大价值。尤其是百年时光在历史长河中只是瞬间，同他们一样，我们今天仍处于语文教育的现代转型期。昨天他们面临的问题今天同样存在，他们的思想和智慧在今天看来仍然具有深刻启迪。而把叶圣陶、夏丏尊、朱自清这三位思想一致、旨趣相同且又渊源甚深的语文大家聚焦在一起，做一学派意义上的集体亮相和整体观照，使三家之言相互映衬、相互烘托、相互参照、相互诠释，则更能凸显他们对语文教育的种种思考和主张，便于读者全面而不是片面地、整体而不是孤立地、辩证而不是机械地学习其完整的思想体系。

从现实的环境看，语文一直是纷争不断、折腾最多而社会满意度较低的一个学科。"文革"以前的语文教育有过一些成功的探索，但也不可避免地受到了极"左"思潮的干扰和破坏；改革开放以来，语文教育出现复苏和繁荣局面，其最好时期可能要算1980年代，百废正兴；之后，也许是社会转型加速而颠簸加剧的原因，语文的身影总是荡秋千般地左右晃动，常常从一个极端走向另一个极端：一会儿强调语文的基础能力而忽视精神陶冶，一会儿高扬人文性旗帜而悄然丢弃了"语文"。平心而论，这种屡屡失衡现象的根源并不全在语文自身，社会对教育的制约作用往往因为语文学科的特殊性而变得格外敏感。但是，语文界本身也难辞其咎，其最大错失，就在于对母语教育传统，尤其是现代语文教育传统的轻视、漠视甚或怠慢。母语教育的改革路径，理所当然是从本民族语文教育传统中汲取营养、传承经验，而不是生搬硬套其他语言系统的什么法则和定律。民国时期处于旧式教育向现代教育转变的关键节点，承前启后，民国语文是中国现代语文教育奠基的关键时期，积淀的语文教育经验十分宝贵。从某种意义（譬如学科教育）上说，那也是一个需要巨匠而且产生了巨匠的时代。叶圣陶、夏丏尊、朱自清就是那一批巨匠中富有典型意义的代表人物。可惜，我们很多人已经忘记了这些熠熠生辉的名字，对于什么是真正的语文，什么是符合母语特点和规律的语文教育，要么一叶障目，不见泰山；要么搬弄概念，故弄玄虚，与母语教育的本质渐行渐远。

不由得想起了纪伯伦的诗句："我们已经走得太远，以至于忘记了为什么而出发。"

还要走多久，我们才能不再心生忧伤？

还要走多远，我们才能重建母语家园？

重新集结在叶圣陶、夏丏尊、朱自清的语文旗帜下，接续他们开创的现代语文教育传统，已然成为时代的召唤和历史的必然。

（本文为《什么是我们的母语：民国三大家论语文教育》导言，华东师大出版社2014年9月版，原题为"我们的母语 我们的家园"）

重塑我们的教育文化

一个时代有一个时代的教育。

一种教育有区别于另一种教育的文化特质，当然，不同教育之间也具有共同的文化特质。这是人类文明的共同成果。

教育质态如何，很大程度上取决于教育文化的质态；因之，教育变革，最为重要的还是教育文化的变革。

文化变革的步履是缓慢的，有时还会出现迂回曲折，教育文化也是这样。回望 20 世纪百年教育文化的演进沿革，感触良多。

追溯中国现代教育的起点，我们沿着岁月的河流回到 20 世纪初叶那一现代教育的滥觞时期：从旧式封建教育脱胎而来的新教育，革故鼎新，生机勃勃，挟风云激荡之时代雷霆，筚路蓝缕，呼啸前行，谱写了现代教育史上的辉煌篇章。前辈先贤们在慷慨悲歌的奋进途中，留下了许许多多铿锵如金石、掷地而有声的长言短论，字里行间积淀着烙有鲜明时代印记的文化因子，今日读之，犹如謦欬在耳，动魄惊心。虽然，历史早已翻开新的一页，今天的教育和百年以前已不可同日而语，但是，如果从社会转型的悠远时空考察，却不难发现：因为处于同一个现代化发展进程之中，所以教育仍然面临着一些共同的话题、问题乃至难题，那些越过世纪风云破空而来的智者声音在当时可谓振聋发聩，在今日依然启人深思，发人深省。毋庸讳言，着眼当下教育变革中的当代意识是本书遴选作者、厘定篇目的重要依据。

发轫于 1980 年代的当代教育改革，已逾三十年。盘点三十年间的改革步履，有坚实有虚浮，有阔步有徘徊，但总体看都是努力向现代教育回归与趋近，其成绩可圈可点，其问题也显而易见。教育改革如同社会改革一样正进入"深水区"。而这"深水"之深便是要触及体制与生俱来的一些文化痼疾。三十年的教育改革，在教育普及、办学模式、管理体制、课程体系、教材教法等方面做了或深或浅、有得有失的探索和尝试，而对教育深层次即文化层面的问题则几无作为。教育改革的下一个也是最难攻克的"堡垒"应该是教育文化。而能给教育文化改革提供镜鉴的，或许，正是现代教育滥觞期由那些时代"弄潮儿"积淀起来的教育文化经典。系统完整地描述现代教育文化的图像和肌理，显然非此短文所能胜任。但是，若能准确找出我们今天教育文化需要革除的种种弊端，再借诸位先贤的思想、智慧之光予以烛照，那么，对当下教育改革的路径选择和锋芒所向或许不无裨益。

概言之，以下几个方面似尤其值得关注。

价值文化。教育的终极价值，从不同的维度看会有不同的理解：或培养合格劳动者，或锻造合格公民，或致力于人的全面发展与终身幸福。不同视角既互有交集，又各有侧重。现代教育之所以"现代"，是因为它首先着眼于为现代社会培养合格公民，更加凸显人的价值，更加注重人的终身发展与幸福。因此，把合格劳动者、现代公民与充分发展的幸福个体三者较好地统一起来，应该成为现代教育价值文化的首要选择与追求。而现实是，我们对现代公民与个体全面发展这两个维度的重视远远不够，合格劳动者的目标也未能完全实现。应试教育更是严重模糊和扭曲了教育的价值取向。"教出活泼泼的人来"，应该成为重塑教育价值文化的本质内涵。

组织文化。有两种学校组织文化：一种偏于行政功能，一种偏于学术功能。现代学校组织文化，应该淡化行政色彩（淡化不是取消，适当的行政功能是必需的），强化学术功能。而现实是学校行政色彩太浓，学术功能发挥不足。学校要充分发挥学术委员会在学校教育教学管理中的权威引领作用；要加强教师文化建设，强化教研文化建设；要真正发挥教代会的民主管理职能，让教师成为学校的主人，让学校成为教师的温馨家园。学生管理方面，要健全学生自治组织和社团组织，充分发挥学生组织和社团在学生活动中的纽带、伙伴和自治功能。让学校具有相对独立（办学自主权）和相对纯粹（崇尚学术）的秉性，是教育之福。

制度文化。制度文化的本质是法治精神。学校管理者必须依法治校。人治因素太过浓厚，仍然是目前学校管理中的严重弊端。是否有一套完备的制度，是一所学校成熟与否的标志。一所好的学校，校长只是学校制度的执行者；同时，校长的办学思想和办学理念也应该在学校制度文化中不断融化、积淀、生成。一个优秀校长，应该在学校制度文化建设中鲜明地打上自己的思想印记，同时，也应该是学校制度文化的坚定执行者和忠诚守护人。好的学校制度文化比好的校长更可靠，更能产生经久不衰的影响力和发展内驱力。

课程文化。要建立完备的课程文化体系。目前国家课程、地方课程、校本课程的构想不错，但现实是，地方课程和校本课程远没有落地生根。国家课程要进一步放开搞活，切实打破行政壁垒，让学校和教师具有真正的教材选择权。地方课程、校本课程要真正走进课堂，成为促进学生精神成长和热爱家乡的重要资源。校本课程与教师学术发展息息相关，应该为教师的学术创造留足空间。鼓励教师建设发挥学术优长的校本课程，是推动教师专业发展和成长的最重要路径。这是培养专家型、学者型乃至教育家型教师的关键之举，也是学校持续发展的根本之道。

管理文化。管理文化的精义在于给学校以办学自主权，给教师以充分的发展空间。目前教育行政部门仍然管得太多，管得太具体，其后果必然是政绩驱动，急功近利，干扰学校办学行为，也影响教育健康发展。教育行政管理也要列出"权力清单"，要简政放权。必须改革校长的遴选和产生机制，要让真正有教育思想和管理能力的优秀人才管理学校，形成让教育家办学的良好氛围。在教师发展方面，要坚持正确的教师职业发展导向，鼓励教师树立崇高教育信仰、提升专业境界、感受职业幸福，少做有悖成长规律与缺乏科学依据的形形色色的评定、评选、评比，把教师关注点真正引向对教育教学的科学理解和倾心投入上来。

也许还可以罗列一些，但已经足够了。要之，我们的教育文化需要大刀阔斧地改革。教育文化乱象丛生，但根子在管理体制和机制。解决问题的关键当然应从改革体制机制入手。对此，有识之士批评、建议甚多，教育部门的领导和教师也都有切肤之痛。然而，为什么教育文化的积弊难以清除，甚至愈演愈烈呢？窃以为，大概还有个改革的胆识和顶层设计问题。

先说改革的胆识。固然，教育问题涉及千家万户，牵一发而动全身，十分敏感而且复杂，改革应当如临深渊、如履薄冰，但是，一些已经形成共识的问题还是要下定决心，壮士断腕。是改革就要冒风险，四平八稳的事就不叫改革。没有强烈的事业心和责任感，没有对教育痼疾的切肤之痛，没有对民族未来和民族复兴的责任担当，就难以做出重大的改革决断。

再说改革的顶层设计。必须从破除僵化的管理体制和去"行政化"入手，让校长和行政体制相对绝缘，让形形色色的教育行政附属机构和行政体制相对绝缘。校长不应是某个级别的行政官员，而应是一个职业的教育管理人。有了这样的管理体制，校长才可能潜心治校，把学校真正作为人生事业去创造，而不是当作官场去经营。同时，必须让教师也能对谁来治校有发言权，这样才能真正保证校长遵循教育规律去管理学校，全心全意地依靠教职员工和学生，把学校建设成为名副其实的学术共同体，让教师在教育教学活动中施展智慧，迸发出教育热情和创造激情。

呼唤改革教育体制机制，其实就是呼唤教育承担起重建自身文化的庄严历史责任。但同时也应该认识到，教育文化建设是一个漫长的过程，体制机制变革不可能立竿见影；而且体制改革本身就是一场深刻的革命，阵痛不可避免，一蹴而就也不可能。因此，在真刀实枪推进体制改革的同时，要在现行教育体制下实施渐进的教育文化建设，从当下做起，从点滴做起，以久久为功的韧劲、驰而不息的精神，不断奠定和夯实教育文化的良性基础，这也应该是重启教育改革的题中应有之义。强力推进教育体制机制改革，借鉴、赓续现代教育优秀传统，辅之以持之以恒的教育文化建设行动，相信若干年后，我们的教育文化必将有一番崭新气象，重新焕发出凤凰涅槃、浴火重生的生命活力。

借《教出活泼泼的人——民国名家教育演讲录》这本小书的出版，就教育文化重塑问题说点管窥之见，聊寄回望百年、前瞻来路之忧。

嗟乎！望崦嵫而勿迫，恐鹈鴃之先鸣！

是为序。

（本文为《教出活泼泼的人——民国名家教育演讲录》序，华东师范大学出版社 2015 年 12 月版）

《为人生的教育：名家名师对话叶圣陶》后记

本书是江苏省叶圣陶教育思想研究所的一项工作成果，准确地说，是其中一个项目的副产品。

自 2013 年研究所成立以来，我即受命负责叶圣陶教育思想高级研修班的组织工作。这个研修班迄今已经四届，来自苏州市各地各校的 300 多位学员从研修班结业。收进本书的 10 篇文章，是从四年来众多专家讲座中精选出演讲稿，并在此基础上邀请作者再度加工整理而成的。为此，首先要感谢四年来为研修班开设讲座的所有专家、学者，他们奉献出的学识智慧，让学员们打开了一扇新的窗口，开启了一段新的精神之旅；尤其要感谢本书的作者们，他们开设的叶圣陶教育思想系列讲座是我们研修班的主课程，感谢他们从不同视角、不同侧面、不同进路把我们学员带进了叶圣陶教育思想这一片充满无限生机的天地。播下的种子，迟早要发芽。对正在进行深刻变革同时又在摸索方向和寻找动力的中国教育来说，叶圣陶教育思想无疑是一份极具理论定力、实践活力和变革冲击力的丰厚的思想资源。思想一旦被群众掌握，就会变成变革现实的物质力量。还是那句老话：相信种子，相信岁月！相信叶圣陶教育思想的蓬勃生命力！

以上可算是对本书副标题的一个说明。接下来，我要对本书主标题"为人生的教育"做一下解释。坦白地说，用"为人生"来为叶圣陶教育思想命名，源自鄙人，但我的初衷绝非有意标新立异。话还要从头说起。

大约在 21 世纪的开头几年，作为叶圣陶的母校，苏州一中扎扎实实地开展了全校性的学习与实践叶圣陶教育思想的活动。是时，社会上正弥漫着一股浓厚的否定叶圣陶教育思想尤其是语文教育思想的风潮，但颇具胆识的学校领导不为所动，逆风起飞，将践行叶圣陶教育思想作为学校办学特色并大张旗鼓地予以宣传推动。在此背景下，学校启动了"叶圣陶教育思想展馆"工程，历经几任校长，坚持不懈，终于在2012年纪念叶圣陶从教100周年前夕功告以成。正是在撰写展馆文字的过程中，我遇到了一个无法绕过的难题，即如何为叶圣陶教育思想命名。子曰："必也正名乎！"展馆文字必须回答叶圣陶教育思想"是什么"和"为什么"这两个严肃的问题。而作为学校"叶研"课题的学术主持人和展馆内容的主要研究者，我对此自然责无旁贷。

我的想法主要基于以下几点：第一，从现实需要看，学校以践行叶圣陶教育思想为办学特色，并贯穿于学校全面工作中，包括德育、教学、教师队伍建设等方方面面，仅用"教为不教"或"习惯养成"显然无法统摄工作全局。第二，从理论逻辑看，叶圣陶教育思想有一个自洽的思想体系，即"教育的价值在于打定人生观根基"，主张中小学教育要着眼于学生未来的成长和终身发展，为学生一生的发展奠基。这是叶圣陶一以贯之的教育思想主脉。正是在这一思想统摄之下，才孕育出许多重要的教育观点。而"教育为人生"恰可以成为统摄其若干教育思想的总纲。第三，"教育为人生"不仅有弥散在叶圣陶各类文章之中的思想内涵乃至概念表述，而且还有着深层次的历史背景和时代氛围，即对旧式教育的批判否定、五四时代"人"的觉醒、现代教育"人"的发现，甚至，当下教育见分不见人的"人"的缺失，等等。换言之，叶圣陶教育思想包孕的丰富内涵、深刻意蕴和时代高度，也需要有更宽广的概括视角。第四，叶圣陶晚年曾经亲自审定其教育思想的表述，即"教是为了达到不需要教"。此点无疑是"教为不教"论之有力证据。但思想史告诉我们，一个人思想的形成、演变是非常复杂的，时代变迁、社会思潮的影响有时甚至连自己也习焉不察，所谓"不识庐山真面目，只缘身在此山中"。哲学家李泽厚说过："许多伟大的思想家早期在建立自己的整体世界观的进程中，具有多方面的异常丰富的思想，但在他以后的一生中，多半是自觉或不自觉地依据时代的需要，充分发展了他的世界观或思想中的某些方面而并非全部。"（《艺术杂谈》，《文艺理论研究》1986年第3期）叶圣陶恰恰就是这样。今天，研究者的重要任务之一，就是发掘叶圣陶在前半生已经鲜明形成并充分阐释，而在后半生由于种种现实原因删节或忽略了的重要思想、观念。尤其需要强调的是，纵观叶圣陶教育思想发展走向，其"教是为了达到不需要教"之动因、旨趣和理据，仍然要归结到教育为人生发展奠基这一厚重的思想基石之上。

因此，在叶圣陶教育思想研究过程中，我在广泛征求专家及各界意见的基础上，确定了"教育为人生"为其思想总纲，下列若干思想子系统作为梁柱支撑。在此基础上编选的叶圣陶教育思想读本《如果我当教师》，也是以此作为全书的脉络结构；此后，在编选《教育照亮未来——民国八大教育家经典文选》时，我将叶圣陶置于蔡元培、胡适、张伯苓、经亨颐、晏阳初、陶行知、陈鹤琴等民国著名教育家之列，并大力弘扬其"为人生"的教育思想。其间种种考虑，在两书序言中交代甚详，此不赘述了。

但是，需要强调说明的是，尽管如此，以"为人生"来为叶圣陶教育思想命名，仍然只是一家之言；以此作为书名，也并不意味着本书作者都认可这一说法。相反，阅读本书大家就会发现，他们对叶圣陶教育思想的解读和发现，各具慧眼，别具匠心，而这恰恰彰显了叶圣陶教育思想的一个特色：丰富性。"横看成岭侧成峰，远近高低各不同。"在本书的整体构架中，导言是全书概论，详述叶圣陶"教育为人生"的思想总纲以及纲目之间的关系。第一至第七讲，如同七根梁柱，从不同侧面支撑起叶圣陶教育思想的巍峨大厦。第八至第十讲，又分别从思想渊源、文化底蕴和研究方法等方面予以透视剖析。这是一个近乎完美的整体架构，但这并不妨碍有的篇章、有的作者，着眼于叶圣陶思想全貌并予以概括阐述。这当然也是应予以尊重并值得鼓励的，因为这既不影响本书构架之完整，也可彰显研究者对某些问题的独到见地。

最后，想说一说本书的几个特点。如前所述，叶圣陶是一位伟大的教育家。叶圣陶教育思想是一笔宝贵的精神财富，也是一座有待深入探究的思想宝库。本书力邀各位教育名家名师，以广阔的理论视角、深厚的学术素养，精心选择探究之点，定向突破，深度掘进，从不同侧面对叶圣陶教育思想进行全方位深入透视，侧重阐述其理论意义和实践价值，同时兼顾其学理层面的提升以及和经典教育思想的呼应。本书编撰历时四年，各位名家名师对研究专题反复钻研，多次演讲，力臻完善，力求呈现出以下特点。

科学性：秉持科学态度，仰慕而不盲目，求真求实，论从证出，对研究对象不矮化也不神化，断语讲求分寸，逻辑力求严谨，既充分评估其意义和价值，又实事求是，做到有一分依据说一分话。

权威性：不泛泛而谈、面面俱到，而是选准一点，精心梳理此点教育思想的形成脉络，深入阐述其意义价值，同时又参照中外教育思想坐标为其厘定位置，脉络清晰，方位准确，使其成为该专题的前沿成果和权威解读。

经典性：力避时下一些专家浮华惑众、游谈无根的演讲风格，把讲稿撰写当作一项严肃的学术研究工作，努力凸显成果的学术品位、文献品质和经典价值。遵循学术规范，资料力求翔实，引用详加注释。

此乃悬鹄，其实若何，尚待方家。

"一切历史都是当代史。"对叶圣陶教育思想的研究，也是如此。对话，首先是致敬，致敬前辈们对教育的笃诚信仰和赤子情怀，这是当下人们最为缺乏的品质。不仅为了致敬先贤，也是为了让其思想增值，让先贤的智慧润泽当下，更是为了开启叩问与寻求教育救赎之路，让大师的思想照亮未来。如同整个社会一样，中国教育正处在广阔而深刻的转型之中，其复杂性、艰巨性前所未有。如何承继传统教育思想之精髓而剔除其粘连的封建基因，如何汲取现代教育思想之神韵而不丢失民族特色，如何适应飞速变动的社会现实而保持教育应有品格，如何满足大众的殷切期盼而又顺应历史前进的方向？林林总总，错综纷纭；贞下起元，革故鼎新。是所望焉。

此为记。

（本文为《为人生的教育：名家名师对话叶圣陶》后记，华东师范大学出版社 2018 年 8 月版）

走近李泽厚

认得出昨夜星辰，
说得清明天的风。
骇浪惊涛连天涌，
历史三峡中。
你从湘水迤逦走来，
征衣未解，寂寞仍从容。
天地悠悠世纪梦，
明月无心，原高夕阳红。

明月直入　无心可猜

—— 初访李泽厚先生散记

一

拜访李泽厚先生是我的夙愿！

在阅读李泽厚的漫长过程中，我曾无数次想象、揣摩他的音容。我在文章里描摹过，也把自己对李先生的想象、揣摩在电话里告诉过李先生。也许是被我的诚意打动了，也许是因为李先生原本就平易近人，总之，2009 年，李先生在回国之前，很早就把行程告诉了我，并且答应在北京见一次面。甚至，他还说，如果身体允许，要来上海、苏州走走。

李先生回北京后，我很快就联系上了他。他说，10 月中下旬可能要来一次上海，那样就可以在上海或者苏州见面。因为北京要到 11 月初才供暖，而他怕冷，想在上海度过这段天气转冷的日子。真是太好了！接下来的日子，我一直在期待中度过。一直等到 10 月 20 日左右，他说因为身体原因，南行的计划只好取消。这样，我就必须去北京了。李先生很爽快地答应了我的请求，"只是因为感冒，不能谈太多的时间，最多一两个小时"。因此，他反复强调：不能专程去，那样可能会令人失望；利用出差的机会顺便去可以。呵呵！老先生去国多年，对世道人心的体察还是那样细致入微、澄澈清明。

真巧，当时天津有一次学术活动。借道天津，十分方便。我赶紧向先生报告行程，并约定了拜访时间。2009 年 11 月 3 日早晨，我从天津站乘京津高铁，一个小时后，便已经到达了托朋友预订的王府井大街上的一家宾馆。站在宾馆六楼的房间向对面望去，我知道，仰慕已久的李先生，已是近在咫尺了！我在电话里告诉了李先生我的位置，他说，从宾馆到他家，只有不到十分钟的路程，遂约定下午两点面晤。中午有足够的时间午休，出来几天了，也真的很累，可躺在舒适的大床上，怎么也睡不着。一想到就要见到李先生，心中便是一阵激动。这大约就是我从没有过的所谓"追星"的感觉！是啊，这颗游弋于哲学、美学、思想史浩瀚星空的学术巨星，我可追了20多个年头了！从1980年代阅读李先生的《走我自己的路》开始，一发而不可收，国内出版的李泽厚先生的所有著作，我都悉数珍藏，如今有机会与他面对面，激动的心情可想而知！

二

下午两点不到，我提前约三分钟，站到了李先生的家门前。这是中国社科院的宿舍，一幢普通的居民住宅楼，李先生住八楼。我没有立即敲门，我要按照约定的时间，分秒不差，不迟也不早。一种神圣的感觉涌动心间，我准时揿响门铃。很快，"来了！"一个响亮而熟悉的声音响起。在第一次通电话时，我就告诉李先生：他的声音很年轻。是的，完全不像80岁老人的声音，没有老年人声音里常有的那种苍老和沙哑。甫一见面，依旧穿着睡袍的（李先生穿着睡袍的照片，我在他的书里见过多次）老先生就说："感冒了，感冒了！家人不让我见客。可是，你是约好了的。其诚可感，其诚可感。"李先生张罗着沏茶。我拿起手里的茶杯向李先生表示，不用麻烦，我自带了茶。"那怎么行？我早就准备好了！"他也把茶杯拿给我看，茶叶早就放进去了。我只好客随主便。

沏好茶，李先生带我参观房间。这是一套不大的三居室，以前我就知道，这是李先生用自己在皂君庙的大房子换来的，二比一的兑换比例，因为这里是真正的市中心。三个房间都朝南，中间是客厅，东面是书房，西面是卧室。客厅东墙上，占了很大空间的是著名哲学家冯友兰先生亲笔赠送的对联："西学为体中学为用　刚日读史柔日读经"，上联题款"泽厚同学迁入新居　戏献以为补壁"，下联题款"一九八六年三月　冯友兰　时年九十有一"。中堂是著名国画家齐白石的弟子娄师白作的一幅画，是冯先生连同条幅一起赠送的。李先生说："这副对联，你是知道的。"我笑着回答："是的，您在书里多次提到过。"李先生的意思我明白，有人硬要说是李泽厚向冯先生求字，李先生在书里多次表白，向自己的老师求字当然可以而且也应当，但这副对联确实是冯先生主动送他的。而且，李先生强调，他从不向人求字。接着来到卧室，李先生带我到窗前指给我看："从这里可以望见天安门，看见景山。"我脱口而出："您真是大隐隐于市啊！"李先生笑了笑，未置可否。是啊，北面就是中央美术馆，再往前走几步就是三联书店；东面与王府井毗邻。这里正是北京的闹市区。

窗外的阳台上，是数个花盆，虽时序已属初冬，早来的第一场雪已经下过，但寒流过后仍然是金秋的感觉，阳台上菊花怒放，五颜六色，分外夺目。我忖度，这应该是李太太的杰作。虽然没见过面，但我知道李太太马文君女士是舞蹈演员，而且从照片上看，气质十分高雅。这花应该就是她侍弄的，我不无主观地这样认定。走出卧室，李先生带我参观书房。相对于卧室，书房小了不少，十来个平方米。书房门前，挂着一副对联，联语镌刻在竹板上，黑色、行书，字很眼熟，但一时想不起来了，没认出几个。李先生看我对着联子"欣赏"（其实是在琢磨），估计看出了我的困惑，便说这是李白的诗句，接着念了起来。可惜李先生带有浓重的湖南口音，我对这两句诗也不熟悉，只大略听出了"明月……直入……"。我没好意思再问，便走进书房欣赏藏书了。嗬！东西两面墙，贴着几个大书架，挤得满满的。李先生连声说："太小了，太小了！"是的，我想，李先生一定有不少书带去了美国。否则，这书房真的是放不下。书房里一个写字台，一个转椅，一个三人沙发，沙发上有毛巾被。我想，那大概是室主写作累了之后，躺着小憩或者是看书的地方。

三

一圈转下来，我们回到客厅，仿佛已经是老朋友了。于是，我们边品茶边闲聊了起来。真的是闲聊，海阔天空，漫无目标。这责任其实在我。一则因为平时读书时积攒的问题，先前都已在电话里请教过了。二则因为近来忙于工作，有好一段日子没有仔细读他的著作了，加之出差在外有日，头绪纷繁，没有认真思考，所以一时竟然想不出有什么问题要求教。我向李先生坦白，只是闲聊，没有具体问题，主要是想见一见先生。李先生笑着说："好哇！你就印证一下，看跟你的想象是否一致。"李先生这么一说，我也就释然了。当然，说是闲聊，其实话题也从没有超出李先生之外，都是围绕他的人、事、书展开的。

话题从现在的生活状态开始。李先生说，现在奉行"三可三不可"原则："三可"是可以吃饭，可以座谈，可以采访；"三不可"是不开会发言，不讲演，不上电视。多年来他还有"四个静悄悄"的生活准则：自己静悄悄地写，（让别人）静悄悄地读，静悄悄地活着，静悄悄地死去。这些公式一般的生活准则，李先生信口说来，可见已经说过多次，也奉行始终。说这些话时，李先生很平静，很随意，云水襟怀，禅宗境界，竟像在说一件和自己毫无关系的事。

接着，李先生说到自己平生受到的三个最高奖赏。第一，1982 年夏志清曾说，20 世纪中国学者中，前一代出了个钱钟书，这一代出了个李泽厚。夏志清是著名文学史家，先后执教于美国密歇根大学、纽约州立大学、匹兹堡大学等高校，他的两部英文著作——《中国现代小说史》《中国古典小说史论》，奠定了他在西方汉学界中国文学特别是中国现代文学研究领域的地位。看得出，对于夏志清把他和钱钟书相提并论，李先生还是很高兴的。第二，1989 年 5 月，以研究毛泽东和毛泽东思想而在西方享有盛誉的美国著名学者斯图尔特·施拉姆来华，时任中共中央政治局委员、书记处书记的胡乔木把车开到李先生家门口，拉上李先生一起到社科院去见施拉姆。胡乔木还说："你对毛泽东的描写，经纬度很准确。"这里说的对毛泽东的描写，是指由东方出版社 1987 年出版的李泽厚的思想史力作《中国现代思想史论》，书里有专章《青年毛泽东》《试谈马克思主义在中国》。显然，胡乔木看过此书，而且认同这些观点。第三，暂时从略，以后有机会再说。

顺着这个话题，他说："其实，多年来我都无求于人，独立自在。对政治的态度，向来是关心政治，不参与政治。年轻时曾经热血沸腾过，很激进。1947 年的时候，曾把鞋垫撕开，在里面藏红色传单。曾经找过共产党的地下组织，但和组织擦肩而过。"1955 年，批判"胡风反革命集团"运动开始。李泽厚因说过路翎小说的好话挨整，内查外调了将近一年，排除了他与胡风及其集团成员有过任何政治组织或私人联系，只好定论为"思想问题"。"文革"期间李泽厚一直是"逍遥派"，基本没有挨过整。"文革"后的风风雨雨中，他也都是有惊无险。其中缘由，李先生自己没说，但颇为耐人寻味，大约与他说的"关心政治，不参与政治"不无关系。李先生说："1986 年我就说过，民主的门是挤开的，不是冲开的。"一字之差，大不一样。"挤"是逐步的、渐进的，"冲"就不一样了，欲速则不达。李先生在这里表现的是哲人的冷静和思想家的理性！

说到这里，李先生带我走进书房，对我说："你可以从我的这些著作里任选一本，我来签名。"我看了看，挑了一本三联书店新版的《历史本体论》，我之前买过与"历史本体论"相关的几本书，但内容比较分散，这次有一个完整的本子，很好。李先生接过书，来到客厅，在扉页上写道："杨斌先生面正　李泽厚　2009 年 11 月于北京。"我赶紧连声道谢。说实话，在来这里之前，我想也没想过（不是不想，是不敢想）能得到李先生的亲笔签名赠书。

围绕着这一话题，我们又说了很多、很久……

四

时间不知不觉已到四点，我起身告辞。李先生说，再聊聊，太太快回来了，见个面再走。我想，也好。于是我边和李先生漫无边际地聊着，边为李先生以及房间拍照。李先生还拿出他在美国生活的相片，一边翻看一边向我介绍，同时允许我翻拍。先生在美国的住所是一幢三层别墅，非常幽雅，前面是森林草地，后面有小山。"环境好，空气好。"李先生这样介绍他的生活环境。我问，李先生如此高龄，年年来回奔波，甚不方便，何不定居国内？他说，太太喜欢国外的环境。我想，这未必是全部。如果在北京能得到足够的精神满足和心灵慰藉，年届八十的老先生，未必要做这样的选择。为什么要年年回国，其实在很大程度上，是要得到一种情感的满足，亲情、友情……一想到此，我倒很有些同情眼前的这位老人了！

又过了大约一个小时，五点左右，李太太回来了。73 岁的马文君女士，在苏州出生并度过童年，和许多江南女子一样，身材娇小，转身、走路轻盈敏捷，全没有老年人的模样。不愧有舞蹈演员的老底子！同时，我也想，这些年来，在外人看来，他们是流离颠沛、风风雨雨，但在李先生、李太太眼里，也许是"也无风雨也无晴"。没有坦然、淡定的人生智慧，是很难保持淡定、很难生活得如此优雅从容的。李先生是哲学家，达到这种境界可以理解；李太太浸润其中，是不是也一起修得了人生真谛？我邀李太太一起照相，她愉快地答应了。我们一起合了影！

已经整整三个小时了，我赶紧告辞，握手，告别。

李先生，珍重！

李泽厚书房的一副门联

李泽厚先生在北京的居所不大，大约80平方米，是用皂君庙的大房子换的。书房在居室的东端，10多个平方米。书房门前挂着一副对联——"明月直入　无心可猜"，联语镌刻在竹板上，黑色，行书，这是李白《独漉篇》中的诗句。题写者署名李维，真名叫李明融，就是安徽文艺版《世纪新梦》和《论语今读》的书名题写者"放牛客"。李明融是个数学家，是李先生1992年在德国认识的朋友。字是李明融专门从台湾带到北京来的，还有一幅在客厅，是两个大字"无心"，挂在西墙。从题款"丁丑春以乡竹刻李白句呈李泽厚师于草堂　牛仔"可知，这位"放牛客"赠联的时间是1997年。显然，其内容应该是室主精心选择和思考过的。对联用语平实，看似简单明白，但是，要理解其确切的命意却颇为不易。不过结合诗意和李泽厚生平，仍可做些蠡测。

其一，撇开李白原诗整体内容，只取诗句独立意境。诗人静卧室内，恍惚觉察窗上的帘帏在缓缓舒卷，好像有个人在那里将它拨开。哪里有人呢？原来是明月要来与我亲近！而我的心灵也早与皎洁的月光融为一体了，心地一片纯净光明，没有喧嚣，不带杂质。这表明室主和诗人一样，一派光明磊落，超越世俗。

这样的境界，李泽厚是当得起的。1950年代，李泽厚在美学大论战中一举成名，成为与朱光潜等大家共执中国美学牛耳的人物，从此一发而不可收，不到而立之年，便已在《哲学研究》《历史研究》《文学评论》这些文史哲三个领域的最高学术刊物上发表论文，并出版专著《康有为谭嗣同思想研究》。苏联科学院院士齐赫文斯基在一本论康有为思想的专著（俄文版）中称李泽厚为"中国年轻的历史学家"。这引起了党内主管意识形态的高层领导的关注,周扬、康生都曾有意调他,可他一心一意守住自己的"一亩三分地"。之后,极"左"思潮泛滥,"十年浩劫"中,李泽厚的学术研究无法进行。可是,"文革"结束仅仅几个月,他就交出了30万字的书稿《批判哲学的批判》,旋即出版,成为"文革"结束后最早出版学术专著的学者之一。1980年代的李泽厚风云际会,在中国思想文化界刮起了一股股旋风,"李泽厚"这三个字几乎就是一个传奇。曾有人言,走进任何一所高校的文科生宿舍,都能看到李泽厚的著作。有的大学生因为买不到李泽厚的书,就挑灯夜战忙抄书。花甲之年,李泽厚远涉重洋,成为美国多所大学的客座教授,声播海外。这样一位著作等身、在多个人文领域建树颇多的学术大家,借无声的月光表达其旷然超迈、怡然洒脱的云水襟怀,应该说是实至名归,未为虚妄。

其二,如果结合诗句的出处看,李泽厚引作门联的这句诗,个中滋味可谓更为深邃复杂,值得仔细品评。

李白的《独漉篇》全篇如下:

> 独漉水中泥,水浊不见月。
>
> 不见月尚可,水深行人没。
>
> 越鸟从南来,胡鹰亦北渡。
>
> 我欲弯弓向天射,惜其中道失归路。
>
> 落叶别树,飘零随风。
>
> 客无所托,悲与此同。
>
> 罗帏舒卷,似有人开。
>
> 明月直入,无心可猜。
>
> 雄剑挂壁,时时龙鸣。
>
> 不断犀象,绣涩苔生。
>
> 国耻未雪,何由成名。
>
> 神鹰梦泽,不顾鸱鸢。
>
> 为君一击,鹏抟九天。

独漉在今河北,传说它湍急浚深、浊流滚滚,即使在月明之夜,也吞没过许多行人。《独漉篇》原为乐府"拂舞歌"五曲之一。"独漉"见《晋书·乐志》《南齐书·乐志》《宋书·乐志》等,为"拂舞歌"五篇之一,或作"独禄"。歌辞抒写的是污浊之世为父复仇的儿女之愤。李白的这首诗沿用了古乐府诗题，其内容和风格也与乐府诗相近。1—4句：湍急浚深、浊流滚滚的"独漉"水，象征着当时的污浊环境，此四句写安史之乱时叛军占据河北的纷乱时局。5—12句：借南来的越鸟、北渡的胡雁，抒写诗人客中漂泊、报国无门的孤愤悲哀。13—16句：通过清风、明月的入室，表现诗人似有所待的心境，以动写静，衬托诗人客中无伴的孤寂和冷落，联语"明月直入 无心可猜"正出于此。17—22句：借"锈涩苔生"的龙泉雄剑，表达报国无门的抑郁悲愤和立志雪耻的慷慨情怀。23—26句：用楚文王神鹰击鹏的典故，抒发抟搏九天、志在青云的无限豪情。

    联系李白全诗的主旨，再来看李泽厚引的这句联语，这其中是否有所寄托，恐怕局外人很难说清。但是，一个无法回避的事实是：李泽厚学术品格，一向是直面现实，致力于经邦济世的。他引以为豪的学术品格是："50年前可以写的书不写，50年后可以写的书不写。"绝不为"稻粱谋"而著书立说。李泽厚保持了中国士人"先天下之忧而忧，后天下之乐而乐"的优秀传统，秉持"为天地立心，为生民立命，为往圣继绝学，为万世开太平"的宏大抱负，也坚定抱持现代知识分子的社会责任和文化使命。李泽厚的学术成就，大致涵括三个领域：美学、思想史、哲学。相比之下，美学讨论是比较纯粹的学术研究，与现实距离较远，没有鲜明的"用世"考虑。他的思想史研究则起步于1950年代对谭嗣同的研究，成熟于1980年代的中国现代、古代、近代三本思想史。无论是追溯儒家思想源流的对孔子"仁""礼"的价值分析，还是对近代思想史中龚自珍、魏源思想的源流点拨，无论是那篇影响甚广的《启蒙和救亡的双重变奏》，还是对20世纪著名人物的精深剖析，李泽厚的研究立场非常鲜明，那就是指向现实，寻找中国现代化转型的方向和路径。即使是《己卯五说》中对中国文化源头"巫文化"的大胆推测，其实也是在为中国传统文化切诊把脉，梳理儒家文化是如何形成"政教合一"的独特传统的，从而探寻在今天新的语境下如何实现文化和社会转型。至于李泽厚的哲学研究，更是处处观照现实，观照着中国乃至人类的未来命运。在《批判哲学的批判》一书中，李泽厚就鲜明地提出，生产力或者说"吃饭问题"是最最重要的问题，并对横行一时的极"左"思潮进行了批判。之后三十年中，李泽厚一直坚持并且不断丰富他的哲学观。他提出要强调两个本体，一个是工具本体，一个是心理本体。工具本体就是穿衣吃饭，就是"吃饭哲学";但是人不能仅仅就是穿衣吃饭,所以还要讲心理本体,特别是强调情感本体。这其实已经在为现代社会寻找精神家园和心灵故乡了。

对于密切关注社会、关注人生、关注人类命运的李泽厚来说,如果说这副联语仅仅是取其字面含义,表达其旷然超迈、怡然洒脱的情怀,而不是别有怀抱,似乎有点说不大通。以笔者之见,这副门联应该具有双重含义。其一,撷取字面本义,超脱悠然。李泽厚无疑是很喜欢这种意境的。其二,综取李白《独漉篇》全诗命意,曲折委婉地表达其慷慨悲歌、壮志难展之意,闲适恬静的诗句背后,是汹涌澎湃的情感波澜!这一点,从稍早几年李泽厚撰写的一副对联中可窥其端倪。1995 年 4 月,李泽厚由穗过港,被邀演讲。在讲演中,他重申了正遭严厉批判的"西体中用"理论,心中大概有挥之不去的块垒之气。在香港中文大学会友楼,面对美好风景,李泽厚当晚在题词册子上写下了一副对联:

极目江山窗外万顷波涛如奔肺腑

回头家国胸中十方块垒欲透云天

(详见李泽厚《杂著集》,生活·读书·新知三联书店 2008 年版,第 400 页)

那么这副书房门联,可否看作"胸中十方块垒"的委婉体现呢?

谁是李泽厚

这本"话语"是在李泽厚先生不赞成、不看也不过问中编成的。为什么一定要坚持编这本书，其实说来话长。

十多年前，在易中天的随笔集《书生意气》里，我第一次读到了下面的故事。

李泽厚已经不时髦了。2000 年冬天，——也许正所谓"世纪末"吧，李泽厚应邀南下作客一家开在大学附近的民营书店。书店老板是个做事低调的人，对此并未大事张扬，只不过在店门口贴了一张不起眼的小告示，却也引得一群青年学子注目。他们兴高采烈地指指点点奔走相告：太好了！李泽楷要来了！

接下来，是易中天一番意气风发、淋漓酣畅的议论，分"缘起""机遇""魅力""意义""历程""末路"几个部分，对李泽厚做了一次所谓全面"盘点"。那时，易中天还没有上过"百家讲坛"，其人其书远没有后来那样红火，但我还是毫不犹豫地买下了这本《书生意气》。吸引我的不是别的，正是这一番洋洋洒洒近两万言的"盘点"。多年来，我已经养成了不放过任何涉及李泽厚内容的阅读习惯。仔细读下来，平心而论，易中天对李氏哲学、美学、思想史等诸多学术成就以及世道人心的剖析评述，分寸拿捏大体还算准确到位，其娓娓道来如数家珍，的确也显示出其不俗学养和非凡才情。尽管易中天也说，听到上面这个真实的"笑话"时有些笑不起来，甚至，在那一瞬间，还感到了世事的苍凉，似乎表现出对李先生的无限同情和深刻理解；但是，掩卷之余，总有一个印象挥之不去，那就是这个故事多多少少还是有点近乎黑色幽默。

这个故事，后来流传甚广并被多处引用，我就不止一次看到过。后来，在写作《李泽厚学术年谱》的过程中，我和李先生有过多次交谈。我曾就此问过李先生，他说："这是我一位香港朋友编造的，并无其事，但很真实，因为我已过时了。"但说也奇怪，就这么一位"过时人物"的名字和书，却日甚一日地又红火了起来：出版于 1998 年前后的《世纪新梦》《论语今读》《己卯五说》一印再印；新作也是一本接着一本，如《历史本体论》《人类学历史本体论》《李泽厚集》(10 卷本)《哲学纲要》《伦理学纲要》《该中国哲学登场了？—— 李泽厚 2010 年谈话录》《中国哲学如何登场？—— 李泽厚 2011年谈话录》《回应桑德尔及其他》；尤其是，李泽厚体大思精的"人类学历史本体论"哲学思想，内涵日渐丰富，思路愈益清晰，在国内外学术界的影响也与日俱增。

2009 年，由著名哲学家康斯坦丁·V. 邦达斯（Constantin V. Boundas）主编的《哥伦比亚二十世纪哲学指南》由哥伦比亚大学出版社出版，这是一部面向哲学研究者和研究生的权威著作。其中，中国哲学章节共收入九位哲学家，作者安乐哲将其分为两类，第一类包括梁漱溟、牟宗三、冯友兰等七位新儒家，第二类"马克思主义的改革者"仅收毛泽东和李泽厚两位，而且先以整整两页文字评述李泽厚，在全文所介绍的九位中国哲学家中所用篇幅最长。（参见贾晋华《二十世纪哲学指南中的李泽厚》，《中华读书报》2013 年12 月 11 日）同样值得一提的是《诺顿理论和批评选集》。这是一本甄选、介绍、评注从古典时期至现当代世界各国批评理论、文学理论的权威著作，所入选的篇章皆出自公认的、有定评的、最有影响力的杰出哲学家、理论家和批评家。2010 年此书出第二版，共收入 148 位作者的 185 篇作品，始于古希腊的高尔·吉亚、柏拉图、亚里士多德，号称"最全面深广""最丰富多彩"的选本，将成为理论和批评的"黄金标准"。编者在"前言"的开头自豪地宣称，第二版的最重要特色之一是选入四位非西方学者的著作，其中就包括中国的李泽厚。（参见贾晋华《走进世界的李泽厚》，《读书》2010 年第 11 期）

诚然，那个误把李泽厚当作李泽楷的故事也不完全是空穴来风。1990 年代整整十年，李泽厚在国内主流媒体的确被全面"冷藏"，哲人的声音似乎完全消失了。在这个十年里成长起来的大学生只知李泽楷而不知李泽厚也就不足为奇了。即使是进入 21 世纪后，李泽厚本人的学术研究已然跃进了一个全新境界，也再没有重现 1980 年代"凡有井水处，即能歌柳词"的繁华景象。1980 年代，几乎在每个文科大学生宿舍都能找到李泽厚的《美的历程》，甚至有人说那一拨人就是"读朦胧诗和李泽厚长大的一代"。于是难免有人发出世事沧桑、白云苍狗之叹。

其实，真正的智者总是走在时间的前面，真正有力量的思想总是引领时代，尤其是在波谲云诡、价值混乱的社会大变革时期。1980 年代的李泽厚，曾在哲学、美学、思想史三个领域刮起思想旋风，鳌头先占，风骚独领。1990 年代，浪迹天涯的李泽厚，看似远离国内学术中心，在科罗拉多高原上悠闲散步，其实，那与其说是"退隐"，不如说是"迂回"。他那犀利而温情的目光，一刻也没有离开过中华故园，没有离开过正在深刻转型、急剧变革的中国社会。《世纪新梦》中的一篇篇长文短论，无不聚焦这一点：在中国向着现代化目标高歌猛进的伟大历史进程中，人，如何自处？如何生存？如何找到自己的精神家园？用李泽厚的话说，就是"伦理主义与历史主义的二律背反将来是否可能在这里获得某种和解"。在关注现代化语境下人的个体命运的同时，李泽厚的思想触角还一如既往地伸向家国天下：如何圆一场中华民族的世纪新梦？呼啸奔驰着的现代化列车如何与传统的民族文化根基和谐共振？为此，李泽厚开始了他的思想和文化寻根，《论语今读》的崭新诠释正是他的寻根心得，努力从古老的民族智慧土壤中生长出现代文明之芽，李泽厚谓之曰"转换性创造"。进入 21 世纪，李泽厚进入了又一个学术创造高峰。如前所述，他已赫然成为 20 世纪中国学术走进世界的标志性人物。在李泽厚的思想词典里，单单由他自己创造并且为学术界认可、充满理性光辉和逻辑魅力的学术概念就有近 20 个之多，诸如已经广为人知的"积淀""文化心理结构""人的自然化""西体中用""实用理性""乐感文化""儒道互补""儒法互用""历史主义与伦理主义的二律背反""情本体""社会发展四顺序"等。哲学的使命是唤醒，思想的价值在启迪，这也许就是哲人的魅力！

不同于 1980 年代李泽厚风靡大学校园，21 世纪初的李泽厚是在民间流行，而且，读者年龄和职业的覆盖面很广。既有 1980 年代的大学毕业生，他们带着深深的怀旧情绪从李泽厚那里重温往昔激情，也有 1990 年代以及之后的迷茫学子，他们面对乱花迷眼的社会现实，从李泽厚那里寻找生活、工作以及社会人生的答案；既有干部、教师，也有军人、学生，甚至包括商界人士（譬如本书的另一位编者邓先生），而且往往在相互信任的人之间口口相传，有老师影响学生，有同学劝勉同学。大家就这样不声不响悄悄地读着，层次不同但一样深爱，角度有异而各取所需，都能从中汲取到思想营养和人生智慧，乃至透视纷繁世相、寻找生活慰藉的能力。

我自己也曾不止一次经历过这样的事。两个朝夕相处的同事，双方无话不谈，还曾一起出过差，有过不止一次的促膝交谈，但是，三五个甚或六七个寒暑下来，竟然都不知对方也是李泽厚的"铁杆粉丝"。直到有一天，这一层窗户纸偶然被捅破，才恍然如人生初见，于茫茫人海中觅得知己，从此，在各自心灵深处，油然获得一种情感、志趣甚或人格的高度认同。如同列宁在《欧仁·鲍狄埃》一文中的经典言说："一个有觉悟的工人，不管他来到哪个国家，不管命运把他抛到哪里，不管他怎样感到自己是异邦人，言语不通，举目无亲，远离祖国，—— 他都可以凭《国际歌》的熟悉的曲调，给自己找到同志和朋友。"于是，热爱李泽厚，在这里成了一种精神密码，一座心灵互通之桥。

三年前，我曾编选过一本《李泽厚论教育·人生·美 —— 献给中小学教师》的书，在该书"后记"中，我比较详细地回顾了自己多年来沉浸于对李泽厚的阅读以及从中获得的教益和惠泽。一位曾经和我在同一教研组共事的朋友给我打来电话，告诉我，他也是读着李泽厚的书成长起来的，也从李泽厚那里获得了极大的帮助，我的体会也正是他的感受。而在这之前，我们之间从来没有说起过彼此的这一阅读经历，更谈不上交流阅读体会了，尽管我们曾经是一个教研组的同事，尽管我们分开后还一直保持着比较密切的联系。也许，如果不是读了我的这篇"后记"，我们会一直这么熟悉地"陌生着"。我不知道，在我们身边，还有多少这样熟悉的"陌生人"。一位朋友告诉我，他在商务印书馆买书，店员看他专挑李泽厚的书，就主动和他攀谈起来，一开口就滔滔不绝，对李泽厚的熟悉程度令我的这位朋友大吃一惊。

由此，我想到了一句古老的格言：学在民间。它可能包含两层意思：其一，真正的学问，特别是原创性的思想与学术，都是在民间萌生，也只能出自民间，而不大可能来自喧嚣势利的庙堂。其二，只有在民间流行的思想才是真正有力量的思想，老百姓不认同的思想不可能有恒久的生命力。纵然权势力撑，或者还有豪华包装，可以赢得一时风光，也终将在时间的淘洗中败下阵来，"总被雨打风吹去"；真正的风流，却是"吹尽狂沙始到金"。真正的思想者是不会寂寞的，因为他深深植根于民间这片希望的田野，也能在温暖的民间找到自己的知音。这样的例子不胜枚举：从度关西去、自我放逐的老聃，到周游列国、栖栖遑遑的孔子，从终生隐居、足不出哥尼斯堡小城门户的康德，到远离故土、平生常与饥饿相伴的马克思……古今中外，概莫能外。江湖之远是思想的温床，民间立场是哲人的生命。

李泽厚之所以在民间流行，首先是因为其哲学的深刻与高度，因为其思想的深邃与成熟，同时，也因为其独特的文风，因为其清新活泼、珠圆玉润一般的文字。尤其是对从"文革"走出来的饱受思想贫乏和假大空言语之苦的一代人来说，他的作品更是深受欢迎。作者那睿智思想、优美文笔和平实态度的完美统一，曾为许多人所赞叹和玩味不已。作为当代著名学者，李泽厚的文字表达了他对理论和现实中许多问题的思考，这种思考迸发出的思想火花往往十分耀眼；而这种深邃思想的表达，却又没有半点装腔作势、故弄玄虚，功力深厚而举重若轻，绚烂之极而归于平淡。著名文论家刘再复对李泽厚的文风也曾给予极高评价。刘再复认为李泽厚的文章是"学问""思想""文采"三者统一的范例："人文科学似乎无需文采，但是他的《美的历程》《华夏美学》的历史论述，却那么富有诗意，客观历史与主观感受乃至人生慨叹那么相融相契，这不能不说是一种人文异象。"（参见刘再复《中国现代美学的第一小提琴手》，《李泽厚美学概论》自序，生活·读书·新知三联书店2009年版）其实，岂止是这两本谈美学的书，李泽厚的所有著作都具备了学问、思想和文采的统一，即便只是一两百字的小序，也总是写得情理交融、饱满丰润，哲理与诗情交融，朴实与蕴藉同在，读来有清风扑面、沁人心脾之感。我自己的体会是，读着那一篇篇或长或短、挥洒自如的文字，有如在和一位长于思辨的智者聊天，如坐春风，时时感受到思想（动词！）的愉快和幸福。有人说，语言特别能体现一个人的质量、品格与气象。你一张口就暴露了你是谁，想瞒也瞒不住。诚哉斯言！这大概就是中国传统文论中的经典之谈：文如其人。对于诚实的写作者而言，文章即人。李泽厚的文章堪称是思想和文字完美统一的典范。一曰思想，一曰文字——这其实也正构成了本书选编的标准和原则。

1986年，李泽厚在《中国现代思想史论》的"后记"中曾说过一段意味深长的话，他认为，在中国近百年六代知识者的思想旅程中，康有为、鲁迅、毛泽东是最重要的三位，但是，他们还不是世界性的大思想家。他们作品内容的深度和广度还不够用世界性的尺度来衡量，还不能产生真正世界性的巨大影响。因为当时的中国还没有走进世界。"因此，当中国作为伟大民族真正走进了世界，当世界各处都感受到它的存在影响的时候，正如英国产生了莎士比亚、休谟、拜伦，法国产生了笛卡尔、帕斯噶、巴尔扎克，德国产生了康德、歌德、马克思、海德格尔，俄国产生了托尔斯泰、陀思妥耶夫斯基一样，中国也将有它的世界性的思想巨人和文学巨人出现。这大概要到下个世纪了。"弹指一挥间，三十年过去了！可能令李泽厚本人也没有想到的是，随着改革开放给中国带来的历史性变化，随着中国作为伟大民族走进世界的巨人般的脚步，这位声言只愿"为明天的欢欣而努力铺路"同时又执着地"走我自己的路"的孤独思想者，却以哲学、美学领域思想巨人的形象昂然走进了世界！当然，同样重要（也许更为重要）的是，他同时也在自己民族的民间深深扎下了根，播下了思想的种子。如果说，是改革开放的伟大时代催生了李泽厚这一思想巨人，那么，李泽厚思想也必将对中国现代化的伟大历史进程产生更为深远和巨大的影响。历史已经证明并且还将继续证明这一点。

李泽厚是谁？时间已经做出说明，并且还将继续做出更为精辟的说明。

（本文为《李泽厚话语》序言二，华东师范大学出版社 2014 年 5 月版）

《李泽厚话语》编后记

　　三年前，我编选的《李泽厚论教育·人生·美 —— 献给中小学教师》出版后，反响不错，尤其是书后的 60 则哲思短语，颇受称道。于是，该书责编永通君约我再编一本《李泽厚话语》，话题可不限教育，人生命运、历史哲学，从家国天下到日常生活，凡能给人以思想和智慧启迪的，均可入选。在和李泽厚先生沟通过程中，先生态度一如既往，明确反对。用他在《李泽厚论教育·人生·美 —— 献给中小学教师》序言里的话说，就是"我从不认为我的文章有那么大的作用和影响。我想，人贵有自知之明，不能一到老来便发狂"。他平时也曾说过，他常念叨孔老夫子的话："及其老也，血气既衰，戒之在得。"看到一些学术老人到晚年却有此病，更要自加警惕。这一次，先生更明确指出反对的原因：其一，他觉得他本人和那些话没有那么重的分量值得去摘，这会引起人们的反感、嘲笑和漫骂，包括可能伤害到我们。其二，摘录不能反映甚至反而可能会漏失主要的东西，即断章取义。

　　我当然没有因李先生旗帜鲜明的反对态度而就此罢手。这些年来，我同老先生交往不少，他的性格、态度我是有所领教的。从写他的诗歌释读，到做他的学术年谱，包括编选那本《李泽厚论教育·人生·美 —— 献给中小学教师》，没一件事是他爽然答应的。总是先坚决反对，反对的理由是这些东西没意义，不值得做；反对无效继之以劝阻，劝阻的理由是工作量太大，太烦琐，往往会劳而无功；劝阻不成再拖，口头禅就是：等等再说，等等再说。我知道，李先生的这些话都是非常真诚的。和他的那些学术成就相比，我所做的这些对他个人来说，真的没有任何意义。名山事业，赫然已成；绚烂之极，归于平淡！但最终我总是能打动李先生，这几件事，也都一件一件地做出来了。没有任何秘诀，唯一的法宝就是：理由！只要有足够的理由说服先生，先生就会同意。犹记得，2010 年编选那本《李泽厚论教育·人生·美 —— 献给中小学教师》时，我曾给先生写过一封信，其中有一段这样的话：

> 您一生致力于国人的思想启蒙，其实，广大中小学教师是一个同样需要启蒙的群体，因为，只有他们觉醒了，才有学生的觉醒，才有民族未来。譬如，对传统文化，对历史进程的二律背反，对精神家园，对教育于人性的重要，对人生与美，对读书与治学，一线教师都尤其需要补上这一课！从这个意义上说，出版本书的意义是非常巨大的，绝不亚于学术著作。不知先生您以为然否？

正是在我寄出这封邮件之后，李先生答应我编他的那个选本，而且之后他还特地写了一篇序言，并给书名加了副标题：献给中小学教师。那么，这一次我又是如何打动李先生的呢？我的理由主要有三个：第一，如前所述，《李泽厚论教育·人生·美 —— 献给中小学教师》这本书反响不错，哲思短语形式颇好，简明扼要，易懂易记；第二，可以让更多的人更深入地了解其思想体系，这在社会转型加速、现代化困境日益凸显的今天尤为需要；第三，为确保质量，避免断章取义，力邀邓德隆先生和我共同擘画。这里，得说一说本书的另一位编者邓德隆先生了。邓君乃商界精英，事业经营得红红火火，却对李氏思想研习精深，颇有心得。邓君也认为此书意义非同寻常，乐观其成，而且愿意共襄此举。邓君的加盟，无疑增添了游说李先生的砝码。经不住我们两人的左说右劝，李先生最终还是同意了我们的请求，只是仍同上次一样："拒绝看编写的内容，包括他如何编选和编选甚么，我一概不闻不问……我对此书不负责任，功过是非，是好是坏，全由杨先生承担。"同时，责邓德隆君负审稿之责。

为此，我们潜心沉进文本，夜以继日，乐此不疲。我们商定，两人齐头并进，各自为战，摘出初选文字后，再相互交换，取长补短。于是，日理万机穿梭于世界各地的邓总，常常出差时带着李著，见缝插针，聚沙成塔。为了方便，干脆直接在书上画出语句，然后将整本书快递过来。在收到邓总寄来的第三本书之后，我发现了一个问题：邓君摘录的话语偏重学术，概念术语较多，而我则在学术之外兼顾通俗。在和邓先生做了一番沟通之后，我们认为，李先生的学术观点原创性很强，价值极大，应该尽量收录。于是，我调整了原先的尺度，在两人分头选摘的基础上，整合出了《李泽厚话语》初稿，交邓先生审读。几天之后，接到邓总电话，他的阅读印象是：感觉太沉重，远不如那本《李泽厚论教育·人生·美——献给中小学教师》好读。再一次商量的结果是：必须舍弃一定的学术性，尽量少选太艰深的内容；在充分体现先生思想观点的前提下，尽量多选通俗易懂的语段。这才符合本书作为普及性读本的编选初衷。将来有可能，可以再编"话语"的学术版。共识既成，重起炉灶，我重新投入又一轮的涵泳浸润之中。

冬去春来，暑热秋凉，三十年阅读李泽厚的漫漫途程，在这一年多的日子里仿佛又重新走过一回。"惟日孜孜，无敢逸豫"；如闻謦欬，何其幸哉！

书稿付梓之际，由衷感谢李泽厚先生的信任和鞭策！感谢邓德隆君的提点和襄助！同时，也感谢永通兄对本书的精心策划和朱颖女士的细心校核。

舛误之处，敬希读者批评指正。

（本文为《李泽厚话语》编后记，华东师范大学出版社 2014 年 5 月版）

思量一夕成憔悴

2010 年 9 月 18 日，一个平常的日子；而对于本文要提及的这本书来说，却是一个值得纪念的起点。

依照约定，上午九点，我、子恒和茶居、永通一行四人来到翠花胡同，拜访著名哲学家李泽厚先生。我和子恒是李先生的忠实读者，茶居和永通是教育期刊的编辑，一场和大师关于教育话题的对话，就这样在李先生的客厅里，不急不缓地在淡淡茶香里流淌起来。除我之外，其余三位都是和李先生初次见面，我们的谈话围绕教育循序展开，几无旁逸。虽然去国多年，但李先生对国内教育状况了如指掌，许多观点一针见血，入木三分。

临近结束时，永通君忽然提出：李先生是否同意编一本"李泽厚论教育"的书，让更多的教师了解李先生关于教育的深刻见解？李先生委婉地拒绝了，理由是他的书已经印得太多，而且，他说自己对教育问题发表的意见并没有多少。

要是能编一本"李泽厚论教育"，让更多的人认识李泽厚，认识哲学家眼里的中国教育，那可真是一件好事。但是，李先生的脾气我是知道的，他不愿意的事，你很难说服他，最好免开尊口，说了也是白说。接下来的午餐，大家谈天说地，李先生也兴致颇高，谈兴甚浓，但编书的事我们只字不提。离京之后，我和李先生通过多次电话，也一直没再提过此事。

又是一番周折。最终，李先生答应了我们的请求，还为选本拟了一个副标题：献给中小学教师，并且亲自写了一篇短序，真是令我们喜出望外。李先生在序中说："对于一个人的一生，中小学教师所起的作用要比大学教师重要得多！这是我所以勉强同意出这个本子的主要理由。"众所周知，李先生曾经有过一段做小学教师的经历，他十分敬重的母亲陶懋柟女士也是一位辛苦一生的小学老师。他终于同意出书、拟定副标题乃至亲自作序，不仅包含着对中小学教师的殷切期望，也许还寄寓着对自己和母亲教师生涯的眷眷深情。电话里，李先生还几次对我说："你一定要认真地写一个序言（李先生把"认真"二字说得很重），以你自身的体会来说明编这个集子的理由，否则，我还是不同意出。"我郑重地答应了李先生，仿佛做出了一个非同寻常的神圣承诺！

于是，就有了一万五千言的长篇，把我多年阅读李先生的点点滴滴心得如数家珍般一一道来。后来，因为有了李序，这个序言改为后记。即便由"序"变"后"，我仍然诚惶诚恐。在李先生字字珠玑般的思想经典后面，附上我的这一篇青涩文字，其心情岂止"羞愧"二字能够形容？

定稿，付梓。而我却一点儿也没有轻松起来。李序里的几句话像石块那样压在我的心头：

> 但我拒绝看他编写的内容，包括他如何编选和编选甚么，我一概不闻不问。因为实在没精力也没兴趣再想和再看过去写的东西，而且一看就想改，改便失去了原貌。因此我要郑重声明，经杨先生同意，我对此书不负责任，功过是非，是好是坏，全由杨先生承担。

说实话，虽然我对李先生的著述和思想不算陌生，但编选时还是仔细斟酌和反复权衡，力求选出最为通俗又最有价值的文字推荐给教育同仁，实现"让思想润泽教育"的编选意图。但毕竟是从皇皇十大本洋洋三百万言的著述中摘出二十万文字，选择是否精当？取舍是否合理？李先生是否满意？我还是暗暗捏一把汗的。

2011年国庆节前夕，《李泽厚论教育·人生·美 —— 献给中小学教师》终于问世了；恰好，李先生也如候鸟一样，例行从大洋彼岸飞回北京。我请茶居主编就近为李先生送上样书。在之前和李先生通电话时，李先生强调说，送给他一本样书即可，以免返程时增加负担。10月3日，是李先生约定茶居上门送书的日子，傍晚，茶居兄从北京打来电话，叙说面呈样书经过，告诉我李先生很认真地看了新书，看样子是很满意的。我在茶居兄的博客里第一时间目睹了李先生看书的照片，的确，他看得很专注投入。

几天以后，估计李先生应该看完书了，便给李先生打去电话，我要亲口问一下他对书的意见。李先生告诉我，他对书还算满意，并嘱我邮寄五本到他的波镇寓所，留待他返美时赠送朋友用。至此，我悬着的心才完全放了下来。因为我知道，李先生让我邮寄五本给他送人，这就几乎是给予编者很高的奖赏了。我的高兴心情可想而知。李先生是一个很细心的人，他特别交代，他会给我寄来打印好的具体通讯地址，以免手写出错。还说，不要寄航空的，太贵，没必要，只需平寄，走海路，不着急。我一一遵嘱，在李先生返美当天，用平邮寄去了带着油墨香味的五本新书。

大约一个多月以后，也就是平寄的书该到的时候，我给李先生去电，询问收到书否，答曰没有。隔数日，还是没有。又数日，依然没有。李先生显然有点儿急了，和我商量道："可否用特快挂号重寄几本？"我说："当然可以。"转念一想，我手头已经没有书了，出版社送我的十五本样书，早已全部送给朋友们了。我未及细想，便在电话里如实报告："我手里已经没书了。"谁知李先生在电话里笑了起来："你不会到书店里去买吗？"李先生这一说，我也笑了，是啊，光顾着高兴，怎么连去书店里买书都没想到呢！

放下电话，我赶紧去书店，连跑两家，都没有，卖完了。我于是上网，从当当上买了三本，用特快专递寄了过去。几天以后，收到李先生"书已收到"的电子邮件；又过几天，先前平寄的五本书也平安抵达波镇。至此，我的心才真正踏实下来。回想这一年多来编书的种种细节，我仿佛感到，我的心从没有像今天这样和李先生贴得这么近、这么紧。

2012 年元旦，永通兄给我发来短信：新春报喜，《李泽厚论教育·人生·美 —— 献给中小学教师》即将重印。我赶紧把这一好消息报告给李先生，孰知大洋彼岸传来的声音却是风轻云淡、波澜不兴："再印时，别忘了把几个出处补上，省略处要补上省略号。"完完全全是荣辱不惊的淡定，当然你也可以说，这是一种成竹在胸的从容！

此心安处是吾乡

东坡云：此心安处是吾乡。

初读李泽厚需上溯至 1980 年代中期，第一本书是给我带来莫大启迪的《走我自己的路》，这在很多地方说过，此不赘述；系统地再读李泽厚已是约十年之后，读的是安徽文艺出版社的四卷六册本《李泽厚十年集》，该书带给我巨大的思想激荡和心灵慰藉，也已在《李泽厚论教育·人生·美 —— 献给中小学教师》的长篇后记中详述，不再重复了。从那时起，阅读李泽厚便成为我的一种精神需求，无论海角与天涯，大抵心安即是家，浸润其间，流连忘返，春温秋肃，如闻謦欬。2001 年春举家南迁之时，李先生的书，自然是搬家时有限的必带之物，在我，视之为随身携带的家园，有如诗人海涅所说"随身携带的祖国，随身携带的耶路撒冷"。

但是，真正对李泽厚萌生研究兴趣，还得从先生和陈明的对谈录《浮生论学》说起。既是"浮生"，便少不了人物大量的生平事迹；标题"论学"，其求学经历、治学路径、学术因缘自然成为书中不可或缺之内容。李先生谈锋甚健，再加上陈明机智聪明的谈话策略，确实掏出了李先生许多人生猛料，也使先生在我脑海中的形象由过去从学术书籍得来的严肃恭谨变得蔼然可亲起来，读来兴味盎然，十分过瘾，让我油然产生进一步了解、走近和研究李泽厚的兴趣。坦诚地说，没有这本谈话录，就可能不会有我后来与李泽厚先生的深入交往，也就不会有著述这本学术年谱的冲动。因此，在这里要向陈明先生道一声感谢，虽然我们至今仍然缘悭一面。人生如萍，对吹拂过你的每一缕清风自当铭记。

和李泽厚先生的联系与问学过程，是一本专著的题材，在此就按下不表了。总之，由电话而拜访，从面谈到邮件，寒来暑往，鸿爪雪泥，未敢有忘。我一步一步地走近这位在哲学、美学和思想史浩瀚星空作逍遥游的学术巨星，阅读的视角也在渐渐地转换。以前读李更多的是浸润，在深刻缜密的思想和丰茂润泽的文字中乐不思蜀、流连忘返，常常是沉醉不知归路；而现在，则更多的是寻觅：这话曾经在哪儿说过？这观点最初产生于何时？这思想的发展脉络是怎样的？不知不觉地也就进入了研究的过程。

这期间做了三件事。最初的写作是做李先生的诗词释读。先生公开发表的诗作不多，但时间跨度很大，起自 1945 年读初三时写的《虞美人》，一直到 1976 年"文革"结束，这段时间的经历读者几乎一无所知。虽然李先生自谦说"余乏诗才，亦素不专心于此。……诗格平弱，不足寓目"，但在我看来，这些诗作中隐藏着作者丰富的人生故事，尤其是深藏着诗人尚未为外人知的心灵密码，而透过这些人生故事和心路历程，无疑可以走进先生的心灵深处。于是，我开始了一段非常辛苦也颇艰难的心灵寻踪。先生一开始满口拒绝，后来经不住我的软磨硬泡，慢慢变得被动地问什么答什么，再到后来亲笔纠正我解读的错缪之处。一篇《挂帆千里听涛声 —— 李泽厚诗歌释读》的完稿，使我感觉和李先生的心理距离缩短了许多，一个在时代大潮中搏风击浪，在人生逆境中奋斗抗争的强者形象在我的脑际渐渐清晰丰满起来。接着编了李泽厚先生的两个读本：《李泽厚论教育·人生·美 —— 献给中小学教师》和《李泽厚话语》（和邓德隆合编）。有关这两个选本峰回路转、柳暗花明的编选过程，我都分别在该书的前言、后记中做了详细说明。需要补充的是，这两本书的编选，恰恰为我触摸李先生的思想发展脉络奠定了深厚基础。或者毋宁说，我同时在做的这三件事，核心目标都指向一件事，那就是为这部学术年谱做奠基、积累和沉淀工作。诗词释读是在情感心灵上辨识纹路，编选读本是在思想之树上探寻年轮，事实上，年谱的文字撰写乃至反反复复的修补订正工作也正是和这三件事同步进行、相得益彰的。在此，我要对两位编辑老师郑重地道一声感谢，一位是《东吴学术》的执行主编林建法先生，一位是华东师大出版社大夏书系的朱永通先生。林主编不仅全文刊发了拙作《挂帆千里听涛声 —— 李泽厚诗歌释读》，而且不惜篇幅，让《李泽厚学术年谱》初稿在《东吴学术》上分三期连载面世，以求在更广泛层面上听取读者意见，此次收入年谱丛书又让我有了不断丰富、臻于完善的机会；朱永通先生则是李泽厚两个读本的策划编辑，《李泽厚论教育·人生·美——献给中小学教师》和《李泽厚话语》均源自他的热心倡导与积极推动。应该感谢的还有赵宋光教授、周春良博士、邓德隆先生、王尧教授、林茶居主编、刘绪源先生、赵景阳博士、黄友爱先生等诸位朋友，他们以各自不同的方式参与、帮助和促进了上述工作。在当下这样一个被称为"历史终结"、激情消逝的散文时代，还有人因为志趣相投、声气相通而提供真诚无私的帮助，这份情谊可以说弥足珍贵。

当然，最应该感谢的还是本谱谱主李泽厚先生。我在《李泽厚话语》"后记"中曾经说过，李先生向来不赞成编辑他的选本、撰写他的传记之类与他相关的工作，认为静悄悄地活着，静悄悄地写，静悄悄地逝去最好。他应对此类事情的战术有三：首先坚决反对，反对无效继之以劝阻，劝阻不成再拖，"等等再说，等等再说"。对编撰这本年谱的态度也是如此。开始是坚决反对，当我把厚厚一摞年谱初稿寄给他审读时，他终于不忍拂逆我的一片深厚心意，亲笔改正了一些史实上的错误。他声言只纠错，不增补，但在这纠错过程中，实际上还是被动地补充了好些第一手素材。至于我无数次在电话里向他请教的疑难困惑，他也给予了说明或指点。但先生并非有问必答，未予回答者仍居多数，"等等再说，等等再说"仍然是他的口头禅。尽管如此，我对先生依旧充满感激，可以说，没有李先生的大度和包容，就不会有这本年谱的问世。当然，毋庸讳言，和先生的学术成就与地位相比，这份年谱还显得十分单薄；同时由于我的谫陋粗疏，这样那样的问题和不足乃至舛误或许在所难免，这个责任自然完全由我承担。我会一如既往，持之以恒，虚怀恭谨，临渊履冰，使其不断丰富，臻于完善，以最大努力争取配得上先生对我的这份信任与厚爱，也不辜负先生倾尽平生竭诚拥抱的伟大时代与故国山河。

最后，想说一说本谱的序言。对于李泽厚这样一位大师的学术年谱，请谁作序或选择一篇怎样的文字为序，的确是一个颇费思量的难题。高山仰止。因其研究范围之广博、视角之宏达、造诣之精深，很难有一篇序文能在高度、厚度、宽度上同时兼顾，对先生的学术做出恰如其分的全面评价；另一方面，社会转型期特有的多元、芜杂、喧嚣甚至淆乱的价值取向和话语体系，也尚未准备好如何看清这一座巍峨入云的学术山峰，既然"不识庐山真面目"，也就难免"横看成岭侧成峰"。刘再复教授、赵士林教授都曾有力作高度评价李泽厚的杰出成就，请他们（或选用他们的文章）作序完全应该而且颇有可能，但前者乃先生至交，后者为先生弟子，在撰写年谱过程中李先生曾谆谆告诫，引亲友学生之言做评价殊为不妥。有鉴于此，经过反复斟酌，我想到了澳门大学贾晋华教授的两篇文章——《走进世界的李泽厚》和《二十世纪哲学指南中的李泽厚》。这两篇发表在国内媒体上的文章，以学者独有的理性与冷静，对李泽厚先生的学术成就和影响做了客观公允、严谨翔实的介绍，以事实说话，不做评价，不事修饰，本真朴素，令人信服。乃向贾教授祈请，教授欣然应允。贾教授还特地让我做一说明：因为题旨所限，两文中所述对李泽厚的学术评价仅止于20世纪，进入21世纪以来，李泽厚的学术研究又有新的重大进展。能以贾文代序，我深感荣幸，谨此对贾晋华教授表示敬意与谢忱。当然，遗憾总是有的，不仅是如贾先生所言的时间限制，而且这两篇文章仅着眼于哲学与美学。而哲学、美学之外，李先生对中国思想史和中国现代社会转型方面的理论建树，近年来对"人类向何处去"即人类命运问题的终极性伦理关怀，我以为尤其具有重要的现实意义和当代价值。江山有待，花柳无私，就让时间去弥补这一缺憾吧。

回望三十年阅读李泽厚的悠悠岁月，我对生活充满了庆幸和感恩。如果说，前十多年的读李，是在迷茫中对精神家园栖栖遑遑的寻觅，那么，近十多年的读李，则是在精神上不断"返乡"的幸福之旅。编撰年谱过程中的山重水复，便是山一程水一程走进先生思想和心灵，也走进自我精神故乡的过程。李泽厚思想让我对时代、对社会、对人生获得了一种崭新的视角和认知，这是生活给予我的最丰厚馈赠！

谢谢复旦大学出版社，谢谢责任编辑毛蒙莎老师，谢谢他们为本书出版付出的努力。

是为记。

（本文为《李泽厚学术年谱》后记，复旦大学出版社2016年4月版）

让思想润泽教育

—— 编书断想

一

前不久，编辑告诉我，拙编《李泽厚论教育·人生·美 —— 献给中小学教师》被收入"大夏书系·十年经典"。于是，我写了以下几句话，聊做补记：

> 本书出版经年，重印数次；荣列"大夏书系·十年经典"，余有叹焉。
>
> 与李泽厚的书一见钟情，30年长相厮守，沾溉良多。编选本书，只是想表达一种微不足道的答谢；同时，也希望能为转型期的中国教育添加些思想养分，知其不可而为之吧！

聊以告慰读者朋友的是，书成之际，李先生开始只要一本，之后却几次催我寄书，谓作送人之用。在我看来，这是先生对我此番劳作的莫大奖赏；同时，先生在序中坚决反对我做的诗词解析和年谱，也承蒙先生恩允，业已公开发表。至于传记，则是一程漫长的旅途，且先生仍一如既往地拒绝，我也仍一如既往地努力。

关于从李先生那里得到的丰富"沾溉"，我在该书"后记"中记叙甚详，此不赘述；而后一层意思，即希望能借这本小书，为转型期中国教育加添一点儿思想养分，则未及展开。不止一次地，有朋友问我编选这本书的动因，刚好，借此机会做一回应。

二

几年前，语文特级教师吴非（王栋生）的教育随笔集《不跪着教书》风靡教坛，一时洛阳纸贵。吴非用他的文章告诫我们：不跪着教书！不跪着，就是要站起来，就是要有独立的思想和自由的精神，要有自己的人格和思考。那么，如同鲁迅提出"娜拉出走之后怎么办"的命题一样，我们也不禁要问："不跪着之后怎么办？"这是一个同样尖锐而深刻的提问。我们该以怎样的姿势站立？我们能够将自己站立成怎样的姿势？我们该以怎样的支点和力量支撑自己的站立？或者还可以进一步追问：我们今天的教育，是不是就是一片板结的土壤？需要挺立的，或许原本就不仅仅是教师，而是整个现实教育？

无须详细列举，因思想缺失而带来的教育病象几乎随处可见。

如果说利用种种违背规律甚至不惜牺牲学生健康的手段，换来掺着血泪的"成绩"，作为一种趋时行为尚可理解，那么，为之重度包装，宣传造势，以"经验"典型欺世盗名，则不可原谅了。奇怪的是，这种喧嚣浮华也能令芸芸众生趋之若鹜，如朝圣般熙熙而来。可以确定的是，其中不乏对教育一片赤诚之辈。如何解释？只能说，什么是教育，怎样的教育是真教育、好教育，在很多人心中，还是一片茫然。

曾亲历过一件事。一位名师言之凿凿地叙说他是如何"帮助"和"引导"学生的，而讲出来的故事却令人大跌眼镜。事实是学生见解深刻，道出了问题的本质，而那位名师自己的观点却十分"落伍"。在眼前这个飞速发展、深刻转型的时代，如果我们总是坐井观天，局限于自己的专业知识，面对眼花缭乱的社会现象，我们还有能力肩负起"受业、解惑"的重任吗？

今天的中国教育，积弊深重，乱象丛生，归结到一点，也许正是因为缺少思想的润泽。尽管我们大学里有一门课程叫教育哲学，但是，今天的教育，很多时候真的与哲学（思想）渐行渐远。

三

教育，离不开哲学，也离不开思想。

真正的教育家，都有自己独立的哲学话语体系；反过来说，真正以关心人类命运为己任的哲人，也没有不把目光投向教育的。没有哲学的根基，就不大可能有教育学的深刻；不关注教育问题的哲学，也不大可能是完整而深刻的哲学。教育关注的是人的成长，哲学关注的是人的存在（命运）。在"人"这个最为高贵敏感的字眼面前，教育和哲学常常交织在一起。

路德维希·维特根斯坦被认为是 20 世纪最有影响力、最富有传奇色彩的西方哲学家之一。第一次世界大战期间，维特根斯坦作为志愿兵入伍，在战场上完成了标志着"哲学的语言学转向"的《逻辑哲学论》初稿。完稿后，他认为所谓的哲学问题已被解决，于是怀着贵族式的热忱前往奥地利南部山区，投身于当时的奥地利学校改革运动，成了当地小学的一名教师。这大概是哲学和教育交织的一个最为典型的例子：哲学家身体力行走入了教育。（见檀传宝《世界教育思想地图》，福建教育出版社 2010 年 1 月版）

当然，这个例子有点特殊，哲学与教育的交集不限于此。思想深处的启迪和滋润才是真正有意义的交集。譬如海德格尔，他关于教育的思考和言论很少，但对人类生活以及学习都曾做过深刻的阐述。他认为，真正的思考不是纯粹吸收那些未经处理的信息和思想的过程，而是一段充满渴望和兴奋的、向未知之地前进的旅程。进入这段旅程的动力来自最初在我们心中所显现出来的意识。海德格尔的哲学对教育产生了巨大的影响。这就是思想的力量。

思想对教育的润泽，也包括另外一种情形：做真教育，做符合教育规律也符合人的成长规律的教育，在这种教育实践中思想开始萌芽，从而由教育走向思想。当代著名的心理学家和教育学家让·皮亚杰，似乎可算是这方面的典型。皮亚杰用自己的三个孩子做实验，形成了自己的儿童心理发展理论。他反对把儿童当作被动的接受者来对待，而主张让儿童自己去发现，自己去反思，然后自己得出结论。最终，皮亚杰的心理发展理论成为建构主义哲学的重要基础。

还有我们熟悉的蔡元培、胡适、陈鹤琴、陶行知、叶圣陶……概莫能外。

之所以不厌其烦地做出上述罗列，只想说明一点：教育和哲学具有天然的缘分。教育不能没有思想。缺失思想的教育，是没有灵魂的教育；没有灵魂的教育，是危险的教育。

四

让我们回到本文的最初话题。

和维特根斯坦相反的是，李泽厚不是在完成自己的哲学论证之后才走向教育的，而是在师范毕业之后，先做了两年的小学教师，然后才走向哲学。1950年夏天，20岁的李泽厚同时报考了武汉大学和北京大学的哲学系，被双双录取。他选择了北大，从此开始了哲学、美学和思想史的漫长思想旅程。不知道是否和年轻时做过小学教师的短暂经历有关，李泽厚在完成其作为哲学家、思想家的一系列奠基论著之后，也开始表现出对当下教育的热切关心。

首先，李泽厚对教育问题的关心，是与他的人类学历史本体论哲学思想密切相关的。在李泽厚看来，历史的发展、实践的活动，对人类的影响表现在两个方面：第一，所谓工具本体，即社会的发展从根本上说取决于生产力水平的进步和提高；第二，所谓心理本体，即社会的发展进步最终也应带来人的心理情感的丰富和提高。后者以前者为前提，但后者并非不重要。相反，社会越进步、越发展，人的心理情感问题越显重要。前者靠科学技术，靠人类的生产实践，后者只能靠教育，即我们现在说的精神文明建设。其次，李泽厚认为，社会的现代化程度越高，人们的心理建设任务越重。大工业生产、高科技生产、高速度、快节奏、激烈竞争，必然带来人的心理焦虑和人际关系的紧张，人成了科学技术和机器的"奴隶"，也异化了自我。所谓"现代化焦虑"说的就是这层意思。李泽厚认为，人类内在的心理结构问题，可能会成为未来时代的焦点。而这个问题的纾解，最终要靠教育。最后，社会的发展进步带来了人的精神的独立、解放和自由，但同时，也增加了人的命运的偶然性和人生的漂泊感、荒谬感，人越来越找不到自己的精神家园。人的"寻根意识"将会越来越浓烈，人会愈益深刻地感到自己是被偶然扔掷在这个世界中的，孤独，荒谬，无可依靠，无所归宿，于是只有自己去寻找，去确定，去构建自己的命运。"人生即在此偶然性的旅途中，自己去制造戏剧高潮。"（李泽厚《我的哲学提纲》）而这种家园感的寻找，最终也得依靠教育。于是，在世纪之交，李泽厚多次在文章和谈话中，边边角角反反复复地涉及教育。这，大约是一个真正的哲学家必然会有的情怀吧——这是教育情怀，更是人类情怀！哲学家可以不是教育家，但不妨碍他对教育发言，并且对教育产生重大和深远的影响。李泽厚以他哲学家的睿智和深刻，对中国教育问题做了许多富有前瞻性和充满人文色彩的敏锐洞察。把他对教育的思考汇集起来，推荐给我的教育同仁，是编选本书的重要考量之一。

五

其实，编选动因还可以追溯得更远，或者说，还有更多的考量。

中国社会正处于深刻转型期。纷纭复杂的社会现象，常常让人们眼花缭乱、目瞪口呆。而能够透视这些乱象的，唯有思想！哲学的使命是唤醒，思想的价值在启迪。李泽厚思想和哲学的巨大价值，由此也更加鲜明地凸显出来。当代教师，于此有一份沉甸甸的责任。

譬如，如何建设转型期的文化心理？李泽厚的思考方向，首先是着眼于传统文化的创造性转换。在《世纪新梦》一书中，他旗帜鲜明地提出，人类要关注精神心理层面的建设，而民族文化就是建设的途径和方向，这理应成为人们的精神之根。他强调："经济力量推动的世界一体化的社会物质生活，迫切需要有各民族文化特色的多元化的精神生活来作必要的补充，否则这个世界便太单调太贫困了，完全成为被商品和科技统治着的异化的可怕世界。在物质生活、衣食住行不再贫困之后，人们对精神生活的要求，丰富、多样、文化多元化会日益增大和强烈。保持和发扬各民族的文化和特点，将成为今天和今后极为重要的工作。其中如何对抗和消解由现代经济和科技所带来的文化损失和精神危害，便是关键环节之一。决不可能让经济和科技主宰和决定一切，教育学、人性和心理本体将成为未来的中心建设。"（《世纪新梦》，安徽文艺出版社 1998 年 10 月版，第 35 页）

正是基于这样的认识，李泽厚不惜放下自己宏大的学术建构，做了一件自言并不喜欢的工作 —— 重新诠释《论语》，以洋洋三十六万言的篇幅，写了一本《论语今读》（安徽文艺出版社 1998 年 10 月版），对中国文化的源头之作重新做出解读。我们可以把这看作作者构建中国人精神家园的一个切实举动。在《论语今读》前言中，李泽厚说："尽管我远非钟爱此书，但它偏偏是有关中国文化的某种'心魂'所在。我至今以为，儒学（当然首先是孔子和《论语》一书）在塑建、构造汉民族文化心理结构的历史过程中，大概起了无可替代、首屈一指的严重作用。"这段话已经把这本书的写作意图说得非常明白了。既是汉民族的心魂所在，作为关心中国人精神家园建设的哲学家，当然要着力了。可贵的是，李泽厚完全是用现代眼光而不是用"经院派"做法展开研究的。用他自己的话说，先是"解构"，打碎陈腐的一套；解构之后，再去重建，让"天地君亲师"成为"天地国亲师"，成为"中国人对宇宙自然、家园乡土、父母、兄弟、夫妻、朋友师长、文化传统的某种道德和超道德的情感认同和精神皈依"。仅仅从《世纪新梦》和《论语今读》中，人们就会发现许许多多有助于我们认识当下、前瞻未来的思想方法和哲学智慧。而这些，我是很乐意推荐给我的教育同仁的。

六

愿望，总是美好的。

《李泽厚论教育·人生·美——献给中小学教师》一书出版后，反响不错，没有让我的期待落空。

然而，得有多少雨露甘霖，才能让这块板结的土壤苏醒？我不知道。

想起了那句古老的格言：知其不可而为之。还有那个人们熟知的现代警句：世上本没有路，走的人多了，也便成了路！

李泽厚的中小学时代

　　1930 年农历五月十七（公历 6 月 13 日）上午 10 时 20 分，李泽厚出生在父亲的工作地汉口。他家是湖南长沙一个破落的封建家庭。其祖父的祖父本来姓王，因为王家家道艰难而被送给了李家，后来从了军，是曾国藩的部下，打了很多硬仗后，被封为江南水师提督，赐穿黄马褂。李泽厚的祖父，曾做过云南思茅的知州，辛亥革命前就已罢官居乡，家境越来越破落。李泽厚的父亲李进凭着自己的奋斗，考进了当时极为难考的汉口邮局，任高级职员。

　　1942 年，李泽厚的父亲李进去世，家道中落。母亲陶懋柟女士虽只读过几天女校，但人很聪明，自学了很多知识，是李泽厚的启蒙老师，教他读过《幼学琼林》。为让两个儿子上学，她备尝艰辛。李泽厚小学只上了一年，抗日战争就爆发了，他只能和家人从长沙躲到宁乡乡下。宁乡是李泽厚的外婆家，为避战乱，李泽厚全家两次迁居宁乡。因此，宁乡是李泽厚少年时代的家园。李泽厚在宁乡道林一所小学插了一个六年级的班，然后考入中学。李泽厚后来曾说，小学阶段他最爱看的是武打小说，《今古奇观》也是在那时看的。10 岁以前对他有影响的一批书是中国武侠小说，里面的"定身法""鼻孔里哼出两道剑光"等描述虽然荒诞，却也颇能满足儿童的想象力。

　　李泽厚特别喜欢鲁迅和冰心。还在小学六年级时，他和班上另一同学因为作文好，就被大家称为"鲁迅"和"冰心"。1942—1945 年，李泽厚在湖南宁乡靳江中学读初中。靳江地处乡村，且该校属初办，但教员、校舍、图书、学生都相当不错，李泽厚在这里读了不少课外新书，交了张先让、杨章钧、谢振湘等同窗好友，写过新诗和小说，模仿过艾青和艾芜，也填过词写过骈文。中学期间，李泽厚和校友龚育之各自办了小报《乳燕》和《洞观》，前者偏向于文学，后者偏向于科学。他母亲曾把他的一篇骈文拿给别人征求意见，竟被误认为是大学生的手笔。

李泽厚初中时期的生活，对他后来的人生道路影响很大。他后来回忆道："我初中之所以酷爱鲁迅和冰心，大概也与自己的家境和母爱有关。鲁迅教我冷静地、批判地、愤怒地对待世界；冰心以纯真的爱和童心的美给我以慰藉与温暖；而母亲讲的'只问耕耘'的话语和她艰苦奋斗的榜样，则教我以不求功名富贵，不怕环境困苦，一定要排除万难去追求真理的决心和意志。国外有人认为，要历史地、具体地分析一个人在学术上、文艺上的某些个性特征，应该注意到他的少年时代。"

李泽厚还说："搞美学最好具备两个方面的条件：清醒的思辨能力和比较敏锐的感受能力。我终于放弃了中学时代成绩一直很好的数理化，而搞上了美学，不知是否也应追溯到自己那个孤独的、清醒的、感伤的少年时代？"初中一年级时，李泽厚曾有一场"精神危机"："想到人终有一死而曾废书旷课数日，徘徊在学校附近的山丘上，看着明亮的自然风景，惶惑不已……"

读初三时的李泽厚爱上了自己的一位表姐，她倔强、冰冷而美丽……但他却长期不能表白这种爱慕之情。当时，他曾有一首《虞美人》记述了这段美好的初恋时光：

> 绵绵风雨家园泪，极目江山碎。晓来烦扰上危楼，千里沉云何处放离忧。凭栏欲向东风恼，莫笑年华早；少年心意总殷勤，望遍山花春恋却难寻。

绵绵风雨，山河破碎，千里沉云，离忧深重，这是战乱岁月留给少年李泽厚的精神印记，战争的阴影，已深深地烙在忧郁少年的心头。诗人的烦忧不仅来自时代，也源于早熟少年青春的苦闷。内向、敏感、多情的文学少年，心中已荡漾起朦胧的青春情愫。李泽厚后来多次写到他的表姐。比李泽厚大两岁的聪明的表姐，和他同班。靳江中学离家三十里，李泽厚每周往返一次，每次总会邀表姐同路。有一次在路上，李泽厚用硬纸折成戒指形状给她戴在手指上，她只戴了片刻。"我们一句话没说，我却感到很高兴。"李泽厚后来曾经这样写道。这种青春觉醒而又朦朦胧胧的感情，应可做"少年心事"的一个注脚。李泽厚后来说："大概是情感方面的因素，使我没能去钻研那毕竟更为枯燥、单纯、严格的自然科学。……另一个重要原因，并且可能是主要原因，就是时代。"

1945 年秋，十五岁的李泽厚考取了当时湖南最著名的省立一中，因家境困顿，只好上了学费、杂费和膳食费都不收的省立第一师范（简称"一师"）。当时的湖南一师校址在安化，李泽厚需徒步四百余里去读书。上学路上听到了日本投降的消息。半年后，一师又搬回长沙。当时，学生运动风起云涌，时局也日趋动荡，但学校却非常保守，比起称为"小湖大"的省立一中，一师仿佛是另一个世界。李泽厚苦闷之极，主动去找党组织，但一师地下党组织被破坏了，没有找到。于是，他想组织发起学生运动，也未成功。李泽厚因此受过恐吓，挨过打，行李、抽屉被搜查过。1948 年师范毕业时还曾被戴上"危险分子"的红帽子。

湖南一师复古氛围浓厚，死气沉沉，保守到连《大公报》之类"小骂大帮忙"的报刊都少见。李泽厚经常在星期天跑到湘江对面的书店去看书，一站就是一天。很多进步书籍，那时是当作禁书来看的，比如《路易·波拿巴政变记》等。李泽厚说："我从这些书里看到一种新的研究社会历史的方法，一种新的理论，十分受启发。""我当时有红帽子，因为我革过命。我冒着生命危险传送过毛泽东的油印文告……送毛泽东的文章、共产党的文告等等。""那时候我是要加入共产党的，我有一个机会，在湖南大学，后来因为母亲死了奔丧，等回来后再找这个人，就找不到了。……省一师第一批地下党员中，一些人直接间接受过我一些影响。"显然，师范时代的李泽厚已经把学习志趣同时代风云紧密地联系了起来。关注人生、关注社会、关注时代，注定要成为这位青年学子的人生主旋律。

当然，人们可能无法预料的是，走出湖南一师校门仅仅七八年，从北京大学哲学系毕业的李泽厚，就在美学大论战中因为批评朱光潜而一举成名。1956 年，李泽厚发表了《论美感、美和艺术》一文，著名美学家朱光潜写信给贺麟，说这是所有批评他的观点的文章中最有分量的一篇。从此，李泽厚以与其年龄极不相称的丰硕成果登上了中国学术界的荣誉殿堂。

几十年后，李泽厚成为当代中国人文大家，是走向世界寥若晨星的中国人文学者之一。作为哲学家，他于 1988 年荣膺巴黎国际哲学院院士；作为美学家，他的作品入选国际批评和文学理论权威著作《诺顿理论和批评选集》。大树参天，年轮宛在，这样一位学术巨人的中小学时代是如何度过的？读书求学时的李泽厚又具有怎样一番不凡气象？作为教育圈中人，职业敏感总是会令我们自然而然地想到这些问题。

幸运的是，近些年来，笔者和李泽厚先生有过多次接触，或电话交流，或当面聆听。在编选《李泽厚论教育·人生·美——献给中小学教师》一书过程中，一个偶然的机会，笔者得知李先生还保存着当年读师范时的若干习作。于是，在我们一而再再而三的恳请之下，李先生终于同意拿出三篇。课内作文一、诗歌一、课外随笔一。《反东坡晁错论》和《夏池听蛙》系课内作品，原文中老师曾有个别处改动，李先生特意叮嘱以老师改动的文字为准。笔者揣测，这或许既是为了尊重历史原貌，同时也是为了表达对老师的感激和尊敬之情吧。两篇习作，老师均在边上做了许多表示肯定的圈圈点点，同时也予以极高的评价。《张家四杰传》系课外作品，原文无标点，标点为笔者所加，并经李先生审定。

近年来，人们都在议论民国教育，并或多或少以此为参照，反思今天中国教育存在的诸多问题。那么，我们也不妨借助李泽厚中学习作这一个例，来考察一下时隔一个甲子不同时代中学生的种种差异，或许，这样做还能引发一些属于语文同时又不仅是语文、属于教育同时又不仅是教育的启迪、感慨和深思呢！

附记

本文为配合《教师月刊》2012年第2期刊发李泽厚三篇中学习作而写。此后，李先生又赠笔者四篇中学习作，分别为《书〈项籍论〉后》《试就名贤中取其言行之足景行者纪之以征尚友之识》（之一、之二）及《五四校庆献词 作三百体》。

先生之风，山高水长

一

1980年冬，李泽厚为宗白华先生即将出版的《美学散步》作序。开头一句就是："八十二岁高龄的宗白华老先生的美学结集由我来作序，实在是惶恐之至：藐予小子，何敢赞一言！"实事求是地说，李泽厚的惶恐一半是出于对美学前辈的尊敬，一半也可说是自己的谦虚，毕竟，李泽厚也是当代中国美学界的泰斗式人物。早在1950年代美学大论战中，李泽厚就因和朱光潜论战而一举成名。由当代美学大家来为美学老前辈作序，可说是众望所归。如今，李泽厚先生也已度过他的八十寿辰，令人做梦也没有想到的是，他的这本《李泽厚论教育·人生·美 —— 献给中小学教师》竟然会让作为一名普通中学教师的我来写序，这可真是令我"惶恐之至"，"藐予小子，何敢赞一言"！

但是，这却是事实！在几番推辞未果之后，我只好赧然答应下来。因为这已成为本书能否问世的一个条件。战战兢兢，如履薄冰；感唏不已，敢违嘉命？

二

其实，即使没有李先生这个耳提面命的"任务"，我也早想写写李先生，写写李先生对我的深刻影响和巨大帮助，写写这个已经并且还在深刻影响我的人；事实上，我已经陆陆续续写过一些相关文字。在我的心目中，我早已把李先生当成了我的良师益友。

屈指数来，"认识"李泽厚先生近30年了。岁月荏苒，许多往事都已如烟散去，可是关于先生的点点滴滴，却仿佛雕刻一般，深深地烙在了心底而永远不会褪色，并且如同种子一样发芽生长，蓬蓬勃勃地成了我生命的一部分。

第一次听到李泽厚的名字，是在徐州师范学院印锡华先生的美学课上。那是1982年，我在读本科函授。印先生的美学课上得实在是别具一格：一个淡绿色茶杯，在手里转来转去，他口若悬河却又条理清晰，听来有行云流水般的感觉，黑板上几乎没有一个字。讲到美学的本质时，李泽厚的名字就一次又一次地从印先生行云流水的话语中浮现出来。于是，在记住了那个漂亮的淡绿色茶杯的同时，我记住了李泽厚的名字，也记住了他那个著名的"积淀说"。紧接着，美学课的第一次单元考试，印先生给了我一个很高的分数，都接近满分了。这给我的鼓励不小。

1985年，本科毕业的我进入灌南县中学。在这里，我第一次读到了李先生的著作——由三联书店出版的《走我自己的路》。至今我还记得那赏心悦目、淡雅而不失凝重的封面。一打开，我便被作者那深刻的思想和睿智的文笔吸引住了。

这是李泽厚的一本杂感集，有序跋、散文、杂文、治学谈、答记者问等各类文章百余篇。作者自谦说，"不伦不类、不知是甚么东西的味道"，而在我读来，却像是一道道色香味兼具的美味佳肴。给我启迪最大的是作者的"治学谈"。李先生在多次讲演和文章中反复强调"读书要博、广、多，写文章要专、细、深"，要"以小见大""由小而大"，"题目越小越好"，"可以有一个大计划，但先搞一个点或者从一个点开始比较好"。在谈到研究题目的选择时，李先生强调，"应该在自己的广泛阅读中，发现问题，找到前人没有解决的问题或空白点，自己又有某些知识和看法"，要兼顾主客观条件，选择"在主观上最适合自己的基础、能力、气质、志趣的方向、方法、专业和课题，而不是盲目地随大流或与各种主客观条件'对着干'"。这些话也许不算什么特别新颖的见解，但由李先生这样的知名学者结合自己的学术经历说出，却使我有如久旱逢甘霖。当时，我正处于如何选择的困惑之中。一方面，随自己的兴趣爱好翻了不少书，对教育教学问题也有一些朦朦胧胧、似是而非的想法；另一方面，却苦于找不到"突破口"，不知从何处入手。李先生的话给我以极大的启发。我作为一名中学教师，受客观条件的限制，理论素养薄弱，只能"蜻蜓点水"，但我也有我的优势，那就是在教育教学实践方面积累了不少经验、体会，我何不扬己之长避己之短呢？于是，从审美视角去透视教育教学问题便成了我的选择。我选了语文教学领域的一个个很小的点——教学情境、教学情绪、教学风格、教师素质、教学创造……结合自己的教学实践，从审美的角度做些探讨。很快，第一篇论文《教师美散论》便在《教育研究》上发表了。这给了我极大的鼓舞。从此，一发而不可收，语文美育、教育之美成了我多年来一以贯之的研究课题，并且取得了一些为人们所肯定的所谓成果。

《走我自己的路》令我难忘的第二个原因，便是作者那睿智思想、优美文笔和平易态度的统一。作为当代著名学者，作者在随笔中表达了对理论和现实中许多问题的思考，这种思考迸发出的思想火花往往十分耀眼；而这种深邃思想的表达，却没有半点装腔作势、故弄玄虚。当然，这首先是因为作者的学术功力深厚，举重若轻，也与本书的随笔类文体有关；但同时，还有重要的一点，那就是文如其人，从文风中可读出作者诚实的学术品格。这种文风深深地影响了我，使我悟出了不少教学以及教学以外的东西。

我常想，假如没有《走我自己的路》，或者和它失之交臂，那么我的教研之路不知会增加多少曲折和坎坷！李泽厚先生的哲学观在承认"必然规律"的同时，特别强调"偶然"的意义。遇见《走我自己的路》，是不是也是我生命旅途中一个小小的偶然呢？

三

从《走我自己的路》开始，我喜欢上了写这本书的人：喜欢他的思想，也喜欢他的文笔。我开始买他的书，碰到就买，买到就读。但在县城的书店里根本就见不到这些书的影子。于是，我爱上了出差，每次到城市出差，总要到新华书店转转。那时候李泽厚正大红大紫，他的学术著作也成了畅销书，偶尔一两次出差很难买到。我手里的李著大多是从外地邮购，或是外地的朋友买来送我的。著名的思想史"三论"，"古代"这本是我从上海邮购的，"现代"这本是当时在复旦进修的老同学寄赠的，"近代"这本是在北大读书的学生送给我的教师节礼物；中国电影出版社出版的那本《己卯五说》也是由表弟从京城寄给我的。1990年代初，安徽文艺出版社出版了《李泽厚十年集》，一套六本，我从合肥邮购了一套。李泽厚最重要的著述几乎都囊括其中了。把沉甸甸的一套书放进书橱，着实让我高兴了好一阵子，并顿时有了一种高朋满座、蓬荜生辉的感觉！

多年来，李泽厚和我相随相伴。不管是在他大红大紫之时，还是在他云游欧美、漂泊他乡之日，也不管读懂还是没读懂，我总是把他的书置之案头，随兴浏览。从才华横溢、好评如潮的《美的历程》，到纵横捭阖、振聋发聩的中国思想史"三论"，从溯儒家文化之源、寻民族心理之根的《论语今读》，到放眼未来、前瞻时代学术路径的《世纪新梦》，从严谨推理、精心论证且作者本人极为看重的《己卯五说》，到亦庄亦谐、无所顾忌俨然一老顽童在忆古怀旧的《浮生论学》……有的极用心地读了，而且不止一遍；有的看了，无始无终，不知何时开始，何时结束。

就在这样散漫而不带任何功利的阅读中，我和李泽厚成了从无联系更未谋面但却似乎可以随时"晤谈"的朋友。套用一句时髦的话语，我可以说一步一步"走近"了这位大师。我不敢说我读懂了多少他的思想，但我可以说我认识、理解这个人，包括他的性格、气质。尽管从没有见过他，但我曾多次想象过这个人。印象中的李泽厚，应该是一个自尊、敏感、孤傲、散淡的人；他的话应该不是很多，但一说就切中要害，而且咄咄逼人；他应该很有些生活情趣，甘于寂寞，我行我素，不大顾忌外人对他的议论、评价，对不利于他的评价他可能会付之一笑，懒得理会。我觉得，真正的知识分子就该保持这么一种气度，这种气度我把它称为"高贵"。时代不同了，知识分子的"大众化"是历史的进步，但至少还应该有一部分人保持这种"高贵"。如果知识分子不能保持自己的独立思考，只会人云亦云、趋炎附势，或者为一点儿一己之私拉帮结派、蝇营狗苟，那么，我们的民族、我们的社会还不能说真正走进了现代！曾有人把学者分为两类：一类是学问大于生命，一类是生命大于学问。学问大于生命的人近乎苦行僧，生命成了学问的奴隶；生命大于学问的人不然，学问滋养了生命，润泽了人生。李泽厚就是那种充溢着浓郁、磅礴的生命意识的大学者。

最令我感佩不已的，是李泽厚说过并且一直在实践着的学术品格：50年前可以写的书不写，50年后可以写的书不写。是的，李泽厚一直在关注中国现实，而且不断地引领现实的脚步。李泽厚多次谈到的"吃饭哲学"，其实就是讲大力发展生产力。这个观点还是他在"文革"后期研究康德哲学写《批判哲学的批判》时提出的。而在当时，这样说显而易见是"犯忌"和"荒谬"的。但是，哲学家遵循的是生活的逻辑和真理的召唤，而不大理会世俗的利害。几年以后，发展经济，让人民群众过上富裕生活，成为中国社会发展的主题。在1980年代，时代呼唤着、寻找着它的代言人。乘着思想解放的东风，李泽厚如鱼得水、风云际会，在知识界的影响可以说独占鳌头，无人能比。他关于美学的许多论断暂且不说，因为他的名字早就和朱光潜这些前辈大师的名字并列在了一起；作为哲学家和思想家，他关于思想解放，关于先进生产力，关于"吃饭哲学"，关于儒家文化的价值，关于民主、启蒙、现代化等诸多问题的论述，也因其哲学的高度而高屋建瓴，因其思想的深邃而烛微洞幽，因其文字的清新而魅力四射。别的且不去说，单单由李泽厚创造并且为学术界认可的学术概念就有近二十个之多，诸如已经广为人知的"积淀""文化心理结构""人的自然化""西体中用""实用理性""乐感文化""儒道互补""儒法互用""历史主义与伦理主义的二律背反""情本体"，等等。李泽厚一直把思考的基点放在现实问题上，一直密切关注着中国现代化的进程和走向。和那时许多学者不同的是，李泽厚一方面不断地介绍、引进西方理论，另一方面却努力把他的研究根植于中国的土壤中。李泽厚的哲学，是典型的中国式的。应该说，这是李泽厚主动而自觉的学术追求。

进入1990年代以后，李泽厚虽蛰居国外，但每年都会回国一次，冷静地观察并深刻地思考我们这个飞速变迁的时代。而正在急剧变革的社会，在好多方面好像都按着李泽厚所预见的路线前行。举个例子吧。1990年代初，当举国上下都在讨论市场经济是否需要、是否适合中国国情时，李泽厚就指出了大力发展市场经济之后会出现的社会问题。首先，他承认这是必需的一个过程，同时，他又提醒人们，经济发展之后，还有一系列的问题需要接着研究、解决，比如，对人的尊重，对人的情感的尊重，不能只见经济不见人。在《世纪新梦》一书中，李泽厚颇具深情地说道："伦理主义营建心理本体，以展现绝对价值，而这个本体又正是风霜岁月的人类整个历史的积淀；那么，伦理主义与历史主义的二律背反将来是否可能在这里获得某种和解？历史感情的进入心理，是否能使人在创造历史时让那二律背反的悲剧性减少到最低度，从而使人在历史上不再只是数字，而可以是各自具有意义的独特存在呢？"而且，他还有具体的建设性设想："在走向现代化所必须进行的转换性的创造中，中国'乐感文化'的深层情理结构，当然不仅存留在文艺领域，而且也存留在其他各种领域中。因此，在严格区分情、理，以理性的法律为准绳（即以现代法治替代传统人治）的转换中，如何重视人间和睦、人际关怀，重调解、重协商而不一切均诉诸冷冰冰的是非裁定或理性法庭，便仍然是值得仔细探讨的。"李泽厚此时的思想触角，事实上已经在关注现代化进程中人们的精神家园建设。可当时，市场经济大潮微澜初现，谁会关心这些？很快，十多年后，当我们的经济建设如火如荼但同时也暴露出许多见"物"不见人的问题时，我们开始讨论"以人为本"，开始建设和谐社会。我想，这也许就是哲学的魅力！哲学总是走在时代的前面。当然，如果李泽厚始终立足在中国的大地上，我们可能会读到更多更为深刻也更为精彩的思想。不过，作为以认识人类情感、思考人类命运为己任的哲学家、思想家，也许，超脱一些会使他们更冷静、更客观、更理性地看待这个纷纭复杂的世界，他们卓越的思维之果会更具哲理的光辉。

李泽厚说过，从年轻时一直到现在，他从没有为钱写过书。在李泽厚身上，我看到了中国知识分子作为社会良心的那份诚挚品格，看到了儒家思想里那种"兼济天下"的入世精神和志士仁人"铁肩担道义"的家国情怀。

四

记不清是哪一位学者说过，读书，也是读自己，不同的环境不同的心境，读同一本书会有完全不同的心得。心得心得，关键是得之于心。确实如此，我在1980年代和1990年代读李泽厚，感受就有很大不同。尤其是《中国近代思想史论》和《中国现代思想史论》，1980年代读的时候印象不是很深，到了1990年代再读则有了全新的体会。特别是1990年代初的几年，更是反反复复地阅读，每次都会有新的启迪或者感慨。这与当时的氛围有关，也和我当时的心境十分契合。

那些日子里，与其说是我深入阅读了李泽厚的历程，不如说是李泽厚深入走进了我的精神世界。李先生对洪秀全、孙中山、章太炎、梁启超、王国维、鲁迅、胡适等近现代史上威名赫赫的人物鞭辟入里的剖析，让我似乎一下子看清了许多纷纭复杂的社会现象，也从中学到了一些分析社会、看待历史的视角和方法，这种感觉在多年前（"文革"后期）阅读鲁迅时也曾经有过。尤其是《中国近代思想史论》那篇洋洋万余言的"后记"，更是高屋建瓴，哲学的理性和思想的智慧交相辉映，让人仿佛穿过历史的漫漫隧道，油然生出曙色在望的愉悦和欢欣！《中国近代思想史论》"后记"中哲理警句俯拾即是：

"黑格尔和马克思都说过，巨大的历史事变和人物，经常两度出现。令后人惊叹不已的是，历史竟可以有如此之多的相似处。

"历史的必然总是通过事件和人物的偶然出现的。……偶然不仅是必然的表现形式，而且还是它的'补充'，也就是说，并非每一偶然都一定是必然的体现。

"农业小生产基础和立于其上的种种观念体系、上层建筑终将消逝，四个现代化必将实现。人民民主的旗帜要在千年封建古国的上空中真正飘扬。"

哲人就是哲人！这篇写于1978年秋天的"后记"，对中国现代化发展趋势的预言是何等的准确明晰，语气又是何等的坚定从容，尤其是从太平天国、辛亥革命等近现代史一系列历史事件中总结出的历史规律，又是何等的清澈澄明！我对李泽厚著作的阅读，以前更偏重美学和学术札记，而没有看重他的思想史论。到1990年代初这段特殊时期，李泽厚思想史论的分量在我心里一下子重了起来，几乎成为我疗救精神的一副药剂。如果说《说不清明天的风》那幅油画带给我的是艺术的感动和美的陶醉，李泽厚给予我的则是思想的激荡和思维的愉快。一是感性，一是理性，却同样无可救药地让我迷恋不已。两者共通的一点是，让人从迷惘和彷徨中走出，坚定了向前的信心和勇气，而不大去管眼前或明天是什么样的风！

不久以后，邓小平又一次用他那只夹着熊猫烟卷的手，在中国的南海边画了几圈，顿时扭转了那艘偏离了航向的时代巨轮！记得是1992年春天一个星期天的下午，我百无聊赖地躺在床上看书，一位已经弃教从政几年未见的朋友翩然来访。不为别的，就是为了专门给我通报邓小平南方谈话的内容。当时，谈话还没有公开传达，朋友知我，特地来向我报告这一早春消息。两个人畅谈了半晌，皆有欢欣鼓舞之色。然后，就是新一轮经济改革启动，社会上涌起"下海"狂潮，淘金大军纷纷南下。而我呢，涛声依旧，继续踏踏实实、心安理得地教我的语文。也算是身无分文，心忧天下吧！也就是从1992年开始，我在教学发展道路上收获不断。业务上接连获奖，市里的，省里的，直到被评为特级教师和获享政府津贴。正是有了那些年的业务积累，到了新世纪钟声敲响、一轮新的人才流动潮又起的时候，我也随波逐流，漂泊到百年名校苏州一中，开启了一段全新的教育生活。

回顾 1990 年代初期那段心情黯淡的日子，我由衷地感谢李泽厚先生！如我这般普通平凡、阅历甚浅的年轻人，在生活的激流里，一不小心就会消极沉沦下去，尤其是在历史急剧转弯的时候。我很庆幸，我没有浪掷那一段光阴，也没有在"说不清明天的风"的时候，浑浑噩噩地失却生活的动力和方向！

五

当历史的车轮行至世纪交接的时候，中国，一下子快速运转起来。其速度，其旋律，其节奏，令人头晕目眩！经济快速发展了，人们忙碌着，奋斗着，幸福着，也困惑着，茫然着，失落着。中国的现代社会虽然姗姗来迟，但毕竟如"青山遮不住"的一江春水，汹汹涌涌、蓬蓬勃勃地来到了。这是可喜的事，然而，社会转型的阵痛也接踵而至。

而正是在这社会深刻转型、观念急剧碰撞的非常时期，李泽厚思想和哲学的巨大价值也更加鲜明地凸显出来。哲学的使命是唤醒，思想的价值在启迪，李泽厚的很多论断为我们观察社会现象、判断现实问题提供了极大帮助。如同一首流行歌曲所唱："雾里看花 / 水中望月 / 你能分辨这变幻莫测的世界 / 涛走云飞 / 花开花谢 / 你能把握这摇曳多姿的季节……"不同于 1980 年代能在每一所大学的文科生宿舍找到李泽厚的著作，此时的李泽厚是在民间流行。也许，只有在民间流行的思想，才是真正有力量的思想！

这一时期，李泽厚关于教育的一些论述引起了我的关注。在李泽厚庞大的学术体系里，教育并不占多少地位，然而，哲学家的人文情怀还是使他在演讲、著作、谈话的边边角角之处，涉及教育问题，而且把教育提到了从未有过的高度。世纪之交，李泽厚出版了新著《世纪新梦》，其中集中阐述了他曾在哲学著作中反复表达过的思想："语言学是二十世纪哲学的中心，教育学 —— 研究人的全面生长和发展、形成和塑造的科学，可能成为未来社会的最主要的中心学科。"李泽厚认为，社会的现代化程度越高，人们的心理建设任务就越重。大工业生产、高科技生产、高速度、快节奏、激烈竞争，必然带来人的心理焦虑和人际关系的紧张，人成了科学技术和机器的"奴隶"，也异化了自我。所谓"现代化焦虑"说的就是这层意思。李泽厚说："在现代科技高度发展的社会，文化心理问题却愈来愈迫切而突出，不是经济上的贫困，而是精神上的贫乏、寂寞、孤独和无聊，将日益成为未来世界的严重课题。"因此，李泽厚对教育有他自己的见解："教育不能狭义地理解为职业或技能方面的训练和获得。教育的主要目的是培养人如何在他们的日常生活、相互对待和社会交往活动中发展一种积极健康之心理。"无疑，李泽厚说的教育是真正着眼于发展、提升人的全面素养，让人站立成真正的人的素质教育。李泽厚思想让我对置身其中的教育环境产生了深刻的反思和怀疑，常常自忖：我们有没有在冠冕堂皇的教育旗号下干着有悖教育规律的事？

思考的结果是出了两本书：《语文美育叙论》和《什么是真正的教育：50位大师论教育》。前者集中表达了我的语文教学理念和实践路径，简而言之，就是让学生在"语文学习"过程中，潜移默化地感受语文之美。在后一本书中，我借大师之"酒杯"浇自己心头之"块垒"，用大师们的言说表达自己对教育的一些理解和思考。我认为教育应该返璞归真，应该朴素而美好，应该走向最合规律、最为和谐，也最有利于人的成长和发展的教育之美。这本《什么是真正的教育：50位大师论教育》，读者反响不错，忝列《中国教育报》评选的"2010年影响教师的100本图书"。我知道，即使这点微不足道的成绩，也是与李泽厚长期给我的濡养惠泽分不开的。

从李泽厚那里得益更多的，其实还是思想方法的启迪。譬如，如何看待教育现实中有悖教育规律的种种乱象？是愤世嫉俗、怒发冲冠、动辄拍案，或者拂袖了之、漠然置之，还是直面现实、理性面对、着眼建设、知其不可为而为之？我从李泽厚历史主义和伦理主义的二律背反思想中得到诸多教益。李泽厚认为，历史本就是在悲剧性矛盾中行进的，前行中总要付出巨大代价。历史主义讲"发展"，伦理主义讲"善"，两者一定是矛盾的。如何看待这种历史行程中的矛盾甚至悲剧，往往决定或影响着一个人的价值观和处世态度。置身于教育圈中，端着教师的饭碗，耳闻目睹教育生活中的"伪教育""反教育"现象可谓多矣。但是，冷静地想一想，其中很多却是历史行程中的必然。我们还处在现代化的初级阶段，大多数家长还指望孩子通过高考竞争跳出"农门"，不少孩子也正是在激烈的升学竞争中找到了社会阶层的上升通道从而改变了命运。一味地对违背素质教育的现象做"愤青式"谴责，其实并不够全面和公正，也无济于事。在现实的既定框架内，我们每一个人其实都有自己的努力空间。你是校长，可以不搞指标，至少不以此作为唯一依据奖惩教师；你是班主任，可以不在名次上大做文章，至少不要歧视文化课成绩不好的学生；你是任课教师，可以在改进课堂教学上多动脑筋，至少不要为了挤占时间对作业任意加码；更重要的是，你可以通过对教育教学规律的彻悟，发现和创造属于你自己的那份职业幸福，当然也包括学生的幸福。总之，比批判更重要的是建设。这不是妥协，而是个人直面历史、正视现实的一种清醒和理性。莫斯科不相信眼泪，教育也不相信。与其被动无奈，莫如主动争取，勉力而为。

再如，在教育改革进程中，如何看待西方教育思想和中国传统教育智慧的关系？李泽厚的文化观也对我们启发良多。如何看待传统文化，李泽厚一直是既不保守又不激进。他既不主张激进地否定传统全盘西化，又不赞成不分青红皂白地照搬所谓"国学"精粹。一方面，李泽厚主张大力引进西方先进观念，但同时又主张继承汲取传统文化精华。用他自己的话说叫作"转换性创造"。可以说，李泽厚后半生孜孜矻矻就是致力于这种思想文化的"转换性创造"。教育也是一种文化。用李泽厚的思想观照我们近些年一波接一波的教育喧腾，很多现象就可以看得比较清楚。即以语文教育为例。对于我们母语教育的优秀传统，尤其是五四以来叶圣陶、夏丏尊、朱自清等那一代语文巨匠的教育经验，我们真的能说扔就扔，弃之若敝屣？真的能轻率地全盘否定或者动辄"走出窠臼"？那种过分的激进，是不是可以说是思想方法的片面褊狭或者不够成熟呢？因此，还在各种时髦口号漫天飞舞、新式概念如火如荼之时，我即相继提出重视语文教学的"语文味"、语文的人文性和工具性血脉相连、文体使语文成为语文、比理念更重要的是发现和传达学科的魅力等一系列观点。纵然人微言轻，也毕竟发出过经过理性思考属于自己的声音。我还和我的教育同仁们一起，在力所能及的范围内推动学习、实践著名教育家叶圣陶教育思想活动的开展。我们共同认为，西方有西方的教育哲学，东方有东方的教育智慧。随着东西方文化的交流，东西方的文化包括教育都在不断吸取对方的长处，但绝不应该是全盘照抄；我们要在学习和借鉴一切先进教育思想的基础上，努力完成传统教育的现代化转型。坦白地说，李泽厚关于现代化进程中传统文化"转换性创造"的思想，给了我们颇多的教益、启发和帮助。

这样的例子其实还可以举出很多。哲学就是科学加诗。读李泽厚的书，你会时常领略到洞悉事物本质的科学之美和慧眼透视红尘的人生诗意!

六

人生确是一件非常奇妙的事。许多事你想都不敢想,可是,"偶然"的机遇会使乍看遥不可及的事情成为现实。我读李先生的书,本就是一个人静悄悄地只凭兴趣阅读,自己喜欢就行了,从没有想过写些什么,也没有和朋友们交流过,更没想过要和李先生建立什么联系。李泽厚,我和他离得太远了!

一次,大约是 2003 年,我在书店买了一本《原道》杂志。杂志上有编辑部的联系电话,而杂志的主编是中国社会科学院研究员陈明先生。我忽然想起,陈明曾和李泽厚先生做过长篇对谈,出版了那本影响甚广的《浮生论学 —— 李泽厚、陈明 2001 年对谈录》。他们两人熟悉亲密的程度,只要读过这本对谈录的人,想必都会有很深的印象。我一时心血来潮:可不可以通过陈明对李泽厚做更多的了解呢?怀着忐忑的心情,我拨通了《原道》编辑部的电话,很巧,接电话的正是陈明先生。陈明很忙,听我简单阐述了想法后,说:"这样吧,我把李先生的电话留给你。你直接和他联系吧。"陈明把李先生在北京和美国的联系电话都给了我。

也许是事过境迁,也许是工作一忙把这事给忘了,或者是我压根儿就没敢想到能和李泽厚联系,总之,李先生的电话我从没有拨过,说得确切一点儿,是一次也没敢拨过。后来,我已记不清是什么原因、什么背景或者是什么机缘,总之,有一天,我莫名其妙地拨通了李先生在美国的电话。"喂,请问你是哪位?"我是第一次打越洋电话,大洋那边传来的声音如此清晰,令我惊讶,更令我吃惊的是,老先生的声音竟是那样响亮。于是,鬼使神差一般,我说的第一句话竟然是:"李先生,您好!真没有想到您的声音是这样年轻!"已是年近八十的人了,声音中竟然听不出苍老的感觉。可能是我这开场白让老先生高兴了一回,他爽朗地笑了起来:"是吗?你感觉很年轻吗?"李先生这一笑,让我原本紧张的心情一下子放松开来。于是,我们在电话里就像朋友一般聊了起来。我倾诉了多年来读先生书的感受和先生著作对我的帮助,也表达了想进一步走近先生,譬如经常打打电话聆听教诲的愿望。李先生爽快地答应了我的要求,告诉我随时可以打电话过去,当然也没忘记告诉我注意时差,并且要了我的电话。李先生说,以后你拨通之后,我可以打给你，这样比较便宜。这可真让我受宠若惊！接下来的事情就不用细说了。从那以后，每隔一段时间我就要打电话过去和李先生聊聊，有时是请教书里的问题，有时是探询先生的身世，有时干脆就是不着边际地聊天，再以后，我们有了若干次的见面，有了几番面对面的亲切交谈……

庚寅年晚秋时节，天高气爽，温润如春，李先生来江南小住。在太湖之滨一处翠竹环抱、幽雅宜人的乡间别墅，我们和着鸟鸣、对着青山有过多次海阔天空的晤谈。那天傍晚，我们几人坐在窗外闲聊。我又一次说起了过去曾经说过多次的阅读李先生著作的感受，说起了李先生的思想给我的启发和帮助，只见李先生久久未语，半晌，好像是自言自语地喃喃道："没想到我的那本小书有那么大的影响。"（指《走我自己的路》——笔者注）此时，我分明看到，短短一瞬间，李先生眼里有晶莹的东西闪过，很快，又恢复了平时特有的精警和敏锐。我们都默然无语，沉浸在一种幸福而美好的氛围中。远处，山峰逶迤，晚霞如火，一轮夕阳在山影映衬下，分外娇艳，缓缓而无限眷恋地在两山对峙的空隙之间踟蹰……

我蓦然想起一代大师陈寅恪的著名诗句："一生负气成今日，四海无人对夕阳。"我知道，李泽厚先生或许不会写这样豪气四射、傲岸孤高的诗句，但用它来概括李先生的学术生涯和成就，窃以为还是颇为恰切妥帖的。以李泽厚的才情、识见尤其是哲学玄思，说他"四海无人对夕阳"并不为过。毫无疑问，李泽厚的学术思想站上了这个时代的制高点。早在1988年，台湾"风云思潮丛书"出版，收录李泽厚的《当代思潮与中国智慧》，有国内知名学者为之作序，就曾做出以下评价："在二十世纪七十——八十年代的中国思想界，李泽厚无可争议地占据着一席特殊而重要的地位。""处在这个时期的李泽厚，实际成为中国思想界一位承先启后的枢纽性人物。李泽厚的哲学特点，在于他的天才，他的敏锐，他的博学，以及那种高度的思辨性。""公平地说，对于被迫生活在五十——七十年代那种正统教条主义哲学模式中，很难发挥任何独立创造性的这一代学者来说，出现李泽厚是一个奇迹。而较诸与他同时代的某些至今抱残守缺地因袭着老一套陈旧僵化模式的思想侏儒来说，李泽厚无疑是一个巨人。"

是的，李泽厚是一位学术巨人，而且在1980年代之后，李泽厚的思想又跃上了新的高度。我想说的是，对于这样一座巍峨的学术山峰，直到今天，人们似乎还远没有充分认识到其重大而深远的价值！就在本文写作过程中，我读到了有关李先生学术影响的最新消息：李泽厚入选国际批评理论、文学理论权威著作《诺顿理论和批评选集》。该书 2001 年出版后好评如潮，成为全世界各地大学最流行、最重要的批评理论教材之一。2010 年此书出第二版，此版收入 148 位著者的 185 篇作品，始于古希腊的高尔吉亚、柏拉图、亚里士多德，号称为"最全面深广""最丰富多彩"的选本，将成为理论和批评的"黄金标准"。该书编者在"前言"的开头第二段即自豪地宣称，第二版的最重要特色之一是选入四位非西方的学者的著作，其中包括中国的李泽厚……在著者评介中，编者一开始即惊叹："李泽厚是当代中国学术界的一个奇观！……他所发展的精致复杂、范围宽广的美学理论持续地值得注意，特别是其中关于'原始积淀'的独创性论述。"该书编者认为，李泽厚在融合东西方众多思想传统的基础上构建起他的哲学和美学体系，而其著作的最深根基则是康德、马克思及传统中国思想。（贾晋华《走进世界的李泽厚》，《读书》2010 年第 11 期）如果说 1988 年当选巴黎国际哲学院院士，标志着李泽厚的哲学成就获得国际认可，那么，这次入选《诺顿理论和批评选集》，则意味着李泽厚已经跻身世界古今第一流文艺理论家和美学家之列。由此推想，李泽厚学术研究三大领域中与哲学、美学鼎足而立的思想史论，其卓越建树赢得举世公认、享誉全球的日子还会远吗？

云山苍苍，江水泱泱。先生之风，山高水长！

七

最后，就本书编选原则、体例做一简单说明。

（一）李泽厚著作版本甚多。遵照李泽厚先生的意见，本书选文均以最新出版的北京三联书店 2010 年版《李泽厚集》（10 卷）为据，只有 3 篇近年答问选自报刊。

（二）本文以中小学教师以及师范院校学生为主要读者。考虑到本书的普及性质，不收入专业性太强的学术论文，而尽量选录通俗易懂之作。征得作者同意，对原注做以下处理：系引用他人的，移至正文加括号注明；系引申正文观点的，则从略。

（三）选文标题一般依照原题，个别文章因篇幅有限节选了部分文字。节选文字均另拟标题，并在括号中加 ※ 说明。

（四）编排不以时间为序，而从有利于读者阅读出发，尽量照顾到内容之间的内在线索和逻辑。在每篇文章结尾处标明发表时间，出处则从略。

（五）为了让读者在有限篇幅内领略李泽厚的思想全貌和语言文采，除选文外，从李泽厚的著作中摘录文质兼美的语段若干，专列一辑，以飨读者。

因编者水平所限，选文难免有遗珠之憾，编排亦恐有失当之瑕。敬祈读者鉴谅。

深深感谢李泽厚先生给予我这一份特别的信任和荣誉！也感谢朱永通先生、林茶居先生、李永梅女士以及华东师范大学出版社为本书问世所做的努力！

（本文为《李泽厚论教育·人生·美 —— 献给中小学教师》后记，华东师范大学出版社 2011 年 9 月版）

从语文之美到教育美学

那个春日的早晨明媚温润，
思想的种子在黑板上萌动钻升。
石缝里也要长出一叶生机，
霜冻中颜色愈浓根系愈深。
纵然注定不能凌云参天，
对风和蓝天的渴求一样虔诚。
我也是一个沙滩拾贝的孩子，
因认出风暴而激动如大海波涌浪腾。

《语文美育叙论》绪论

一

首先要说明本书的书名和体例。

"语文美育"，从严格的意义上讲，应是"语文教学美育"。"语文"和"语文教学"是两个不同的概念。本书讨论的是语文教学问题，之所以省去教学二字，一是为了简约，二是约定俗成，"语文教学""语文学科"在很多场合被简略为"语文"，大家都习惯了。"叙论"指本书内容包括"论述"和"叙述"两个方面。论述主要指"论坛"，收录了笔者在美育和语文美育方面学习和研究的一些思考和感悟。叙述主要指"课例"，包括教学片段和教学实录，"语文美育的实践路径"虽然收在"论坛"中，但其中也有不少"叙述"的内容。"札记"包括阅读美学家、教育家著作的一些体会和随笔，有叙有论。即使在"论述"部分，也有相当篇幅是"叙述"内容。这可能与笔者的身份有关。作为一名耕耘在教学一线的语文教师，笔者的理论素养之不足可以想见，因此，"论述"部分尽量避开逻辑推演，多用自身的感悟说话。同时，也与笔者的追求有关。笔者坚持教育科研应该植根于教育教学。因此，论述文字也大都结合笔者自身教学实践及感悟展开。局限自难避免，特点亦在其中。

论坛。主要是学科美育论文。这些论文都曾在报刊上公开发表，比较集中地反映了笔者在语文学科美育问题上的认识和观点。因为起自20世纪80年代中期，有些观点可能带有当时的局限。这次把它们收进来，观点不变，内容也保持原样，个别例子在不同文章里有交叉的，稍做调整。因为当初写论文的时候，就是每篇集中谈一个问题，所以，把各篇的一个个点联系起来，可以看出笔者在语文美育问题上思考的大体面貌。

课例。主要是教学实录，有叙事性质。论坛中的例子也多来自自己的课堂，但为了论证需要，多为片段。这里选录的课例，则是相对完整的课堂实录。之所以选取这些，当然首先是自己比较喜欢，认为能体现自己的一些想法；其次，也是为了方便。这些课例大都发表过，因此保存得比较完整，拿过来也比较省事。原汁原味，没有刻意去重新整理或撰写。

札记。主体是读几位美学大家和教育大家的体会和收获。近些年来，如果说自己还有些进步，那也是从前辈思想家那里得益多多。选择若干文字，一是可梳理一下自己的思想资源，进一步思考我们如何从前辈那里汲取营养。无论哪个时代，学术的积累总是这样，后人总是要在前人铺就的思想轨道上前行。另外，也想借机表达一下对这些思想大家的感激之情。没有他们，就没有本书的问世。除此之外，还选择了几篇教育随笔以及和朋友们的对话、通信。文字不多，皆有感而发，且未离本书宗旨，一并收录了。

二

接着要回答的问题："语文教学"能不能和"美育"牵手，即能不能构建起"语文教学美育"这个学术概念以及理论框架？这是本书所有立论的理论基础和逻辑前提，涉及"语文教学美育"是否具有学理的合法地位和科学的逻辑体系。这样的担心并不是多余的。事实上，不是任何一个学科、任何一个知识门类都可以和美学美育挂钩，而冠之以"××美学""××美育"的，虽然，走进书店，你会看到形形色色的类似书籍。

哪些学科可以和"美学"联姻？按著名哲学家、美学家李泽厚的标准，只有从哲学上看能够构成美学问题的那些科目，才能建立起美学来。据此标准，李泽厚就曾批评说："美学这个词用得太滥了。譬如伦理美学、军事美学、新闻美学、爱情美学等。一方面要反对滥用，另一方面也要注意到，在这些具体的艺术门类中，有相似的规律在起作用。这些规律与美学有关，或是美学的职能。所以说，美学是一个家族。……只有从哲学上看能够构成美学问题的那些科目，才能建立起美学来。"（引自李泽厚《美学四讲》，见《李泽厚十年集——美的历程》，安徽文艺出版社1994年版，第266页）教育

"从哲学上看能够构成美学问题"吗？回答是肯定的。教育教学包孕着丰富复杂、纷纭多姿的美学问题，不仅有学科知识自身积聚的种种现象和矛盾，更因为是和活生生的人打交道，过程中时时刻刻都在演绎着形形色色的精彩和无奈。教育需要美学精神，教育呼唤美学规律。事实上，在李泽厚本人的美学图谱中，就清楚地标示着"教育美学"的字样。

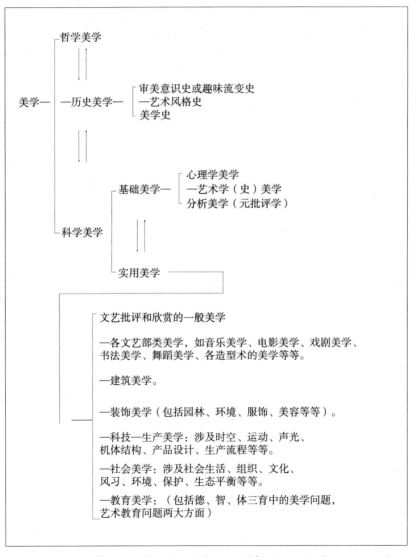

（李泽厚《美学四讲》，见《李泽厚十年集——美的历程》，

安徽文艺出版社 1994 年版，第 431 页）

在李泽厚的美学体系中，教育美学就是运用美学观点分析、观照教育教学问题。教育美学属于实用美学，是美学研究中的一个重要分支，是美学研究从抽象的逻辑思辨走向实践、走向运用的一个重要方面。可见，即使是用严格的学科分类标准衡量，"教育美学"也是一个站得住的概念。那么，学科美育无疑也是可以成立的。我们可以把"学科美育"理解为"教育美学"的下位概念，或者也可以说是从两个不同视角考察的同一个问题。区别在于：教育美学更多地从美学角度立论，学科美育则更多地从教育学角度着眼。但我还是更喜欢"学科美育"。究其原因，称之为"教育美学"，显得过于富丽堂皇，好像要构建一座理论大厦，感觉上离美学近而离教育远；而"学科美育"则要朴实些，和教育的关系也更紧密些。因为说到底，我们要研究的对象和解决的问题是教育而不是美学。学科美育，它应是教育学大树上的一枚绿叶，而不太适合做挂在美学枝干上的果实。因此，语文学科美育不是在研究美学，而是在研究语文教学。和一般意义上的语文教育研究相比，语文教学美育对语文教学的关注，多了些新的视角和思路，也多了些创造的意识和观念。仅此而已。

三

事实上，语文美育的概念不自今日始。最早使用语文美育概念的是中国近代美育的首倡者和奠基人之一蔡元培先生。

蔡元培先生是 20 世纪中国倡导美育最用力也最富成效的学界泰斗。之所以这样说，不仅因为蔡元培先生对美育的认识深刻，还因为他身居教育总长和北大校长之高位，自然"居高声自远"，得以将美育列入民国政府的教育方针。在蔡元培先生的美育体系中，语文美育是学科美育之一种，而学科美育这一重要概念正是蔡元培先生最早提出并大力倡导的。关于学科美育，蔡元培先生曾有多次精辟的论述。（详见本书《想起了蔡元培》）

蔡元培先生在《美育实施的方法》一文中，曾非常清晰地描述过美育的图谱，语文美育赫然名列其中。

美育 —— 家庭美育
　　 —— 社会美育

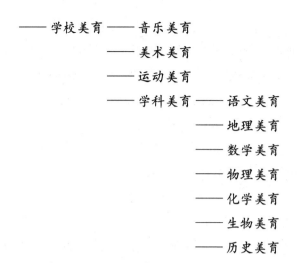

```
—— 学校美育 —— 音乐美育
            —— 美术美育
            —— 运动美育
            —— 学科美育 —— 语文美育
                        —— 地理美育
                        —— 数学美育
                        —— 物理美育
                        —— 化学美育
                        —— 生物美育
                        —— 历史美育
```

（参见《蔡元培美学文选》，北京大学出版社 1983 年版，第 154—156）

可以说，追根溯源，学科美育的首倡者应是蔡元培先生。由于时代和历史条件的局限，学科美育思想自蔡元培先生提出后，一直少有阐述和响应，到了 1980 年代"美学热"在中国大地上兴起，20 世纪初蔡元培先生为之倾尽心血的美育薪火才又赓续，学科美育也跟着"美学热"热了起来。就在这样的宏观背景之下，语文美育开始红火，登上语文教育的前台。一时间，可谓如火如荼。出现如此火爆景象，既有宏观的时代背景在推波助澜，也是语文教学自身发展的内在需求。学术发展自有其客观规律，薪火传承是一个艰苦的积累过程，语文美育也不例外。

当年，语文美育诞生之初，研究主要停留在语文和美育的简单联系上。蔡元培先生只是提出了学科美育的概念，没有也不可能做具体的阐述，他所举的学科美育例子，只是停留在学科知识所包含的美育因素上。但是在那个时代，蔡元培先生能够提出美育思想，可谓高瞻远瞩，石破天惊！教育，不再是科举功名的"敲门砖"，不再是升官发财的"终南捷径"。教育，一下子同人的成长、发展联系了起来。在 20 世纪初的中国，没有伟大革命家的气魄，是不可能发出这振聋发聩的呐喊的。但是，蔡元培毕竟是革命家、教育家而不是教学专家，我们不能苛求蔡元培先生对每一门具体的学科教学都做出很精当的阐述。蔡元培先生只是从教育的宏观方向，指出了美育发展的一条路径。至于学科教学中如何实施美育，那是学科教学专家的研究内容，是每一位学科教师在实践中去体会和创造的事。

近一个世纪之后，人们再一次涌起对美育的热爱。教育理论工作者和一线的语文教师从不同的角度，对语文美育做出了可喜的探索和努力，但是，也应看到，因为并没有充分的理论准备和思想武装，语文美育的研究还停留在比较肤浅的层次。翻开 1980 年代的语文报刊，冠之以"××美"的语文教研文章比比皆是。比较普遍的现象是，从语文课本上找出一段文字，然后分析"这就是自然美，这是外貌美、心灵美，或者板书美，等等"。当时人们所理解的语文美育，大多还没有超出蔡元培先生对学科美育的论述。

这样的语文美育显然有简单化之嫌：多是浮于表面，虚张声势，没有触及学科美育的本质。好像只要把学科中的知识点和美学概念挂上钩，用美育概念去图解课文，就是语文美育了。实际上，这样的语文美育，在理论上是肤浅的，在实践中是难以操作的。学科教师首先要考虑的是完成学科本身的教学任务。如果做不到这一点，宁可不要其他，不管是怎样美妙的旗号。而当时的语文美育恰恰在这一点上存在致命弱点，因而"热"了一阵之后便偃旗息鼓了。表面上看，是因为大背景下的"美学热"降温（这也是重要原因之一），其实，没有这些原因，语文美育也照样难以为继。

四

到底什么才是语文美育？这仍然是一个处在不断探索中的问题。

人们在思考着，探索着，认识也在不断地深化着。其发展的轨迹，本书在《柳暗花明会有时——语文美育的困境和出路》《似曾相识燕归来——语文美育近二十年研究综述》两篇文章中有比较详尽的描述。同时，本书也比较充分地论述了笔者学习和思考语文教学美育的感悟与体会。

语文教学美育，不是教学内容。讲述什么是美、有哪些美、怎样才美等，那是大学美学课的任务，不是也不可能成为语文教学的内容。语文教学美育，也不是教学方法。课堂教学的环节、步骤、操作流程等，那是师范院校语文教学法课程的内容，不是也不可能成为语文教学的内容。语文教学美育，应该是一种教学思想、一种教育观念。它可能会影响你教学中选择什么，也可能会启发你教学中如何去教。

我所理解的语文美育，简而言之，就是在语文教学中体现美育的精神和原则，给学生带来成功的体验、创造的快乐。换言之，语文美育不是要教师在课堂上大谈哪里是自然美，哪里是心灵美，哪里是人格美。那种"贴标签"式的美育与美育无关。语文美育，是让学生在语文学习过程中，潜移默化地感受到这些美。语文美育的熏陶必须和语文因素水乳交融。概言之，感受语文（包括语言形式和内容两个方面）之美。这是其一。其二，语文学习的过程也应符合美育的精神和原则，那就是让学生的思想和心灵自由，而不是只把学生当作容器。语文教学，应该充分创造条件，给学生以发现和创造的广阔空间，给学生以知识生成、能力形成和精神情感养成的广阔空间。它要求学生成为学习主体，充分发挥积极性、创造性；它也对教师的教学素养提出了比较高的要求，譬如选择教学方法、创造教学艺术、营造和谐氛围，等等。正是在这一点上，语文美育和现代教育的观念高度一致地吻合起来。海森堡说，"美是真理的光辉"；李泽厚强调"以美启真"。任何东西，一旦逼近了事物的本质，符合了事物的规律，走进了真理的内核，就必然是美的。而在融洽和谐的氛围中，语文知识和能力的生成也应该水到渠成，相得益彰。

这样的理解对吗？首先，这是对语文教学前辈教育思想的继承和借鉴。叶圣陶先生、朱自清先生都用他们的教学实践对此做了生动诠释。叶圣陶一贯主张教育重在育人，重在情感熏陶；在语文能力培养上，注重"涵泳""体味""揣摩"，把语言学习和语感培养、情感修炼结合起来。朱自清先生强调语文学习就是学习文化。学习文言文是"古典的训练，文化的教育。一个受教育的中国人，至少必得经过这种古典的训练，才成其为一个受教育的中国人"。（朱自清《再论中学生的国文程度》）他们不仅在理论上做了深刻阐述，而且留下了很多富有启发性的教学实例。其次，这也是对现代教育理论的运用和发挥。现代教育理论强调教育不仅仅是教书，教育过程是教师和学生共同参与、创造和生成新内容的过程。"在课堂情境中，教师的主体性充分发挥的过程即是教师'创作'（author）课程事件或'创生'（enact）课程的过程。""在课堂情境中，教师与学生创造并解释课程事件，由此达到内容的不断转化与意义的不断建构，这正是教学的本质。""换句话说，'学会教学'的核心问题是学会如何在复杂的教学情境中与学生共同创生课程。"（张华《课程与教学论》，上海教育出版社 2001 年 11 月版，第 90—92 页）这个过程也是美的创造和体验的过程。最后，这是时代的呼唤和催生。教育学的发展同教学实践息息相关，教育实践无时不在积累、丰富和拓展着教育理论的内涵；

教育的发展更同时代的发展息息相关，教育学必须时时回应时代的呼唤和要求。当时代的脚步进入 21 世纪，当教育对人的关注成为教育改革的热点，当社会比以往任何时候都更急切地呼唤创造性人才时，我们理所当然应赋予语文美育以更丰富的内涵。同时，学术界的研究成果，譬如申小龙的文化语言学理论、王荣生的层叠蕴涵理论，也给了我们很多学理上的启发。

为什么要倡导语文美育？为什么要倡导这样的语文美育？首先，是让语文回到语文。现在有两种情况使语文不像语文。一是置学生的精神发展、心灵世界于不顾，让他们整体埋头题海；二是矫枉过正，置语文素养、语文能力于不顾，大谈空谈人文精神。语文美育追求的理想是在语文学习中发展精神、滋养心灵，在人文关怀下提高语文素养、培养语文能力。其实，在很多情况下，我们优美的母语是可以让两者统一起来的。其次，是让教育（这里专指语文教学）更像教育。哪些现象不像教育呢？"满堂灌"不像教育。兴味索然不像教育。不读书不像教育。语文美育追求的理想是教学过程中充满发现的喜悦和创造的乐趣。这需要发掘知识本身的魅力，还需要教育者去创造教学的魅力。理想的状态总是很难达到，因此，教师的劳动不仅艰苦，有时还很痛苦。这是创造的痛苦、追求的痛苦。但在这个过程中也能体会到幸福 —— 创造的幸福、追求的幸福。

语文教学美育就是要带你走进这样的痛苦和幸福之中。

（本文为《语文美育叙论》绪论，南京师范大学出版社 2005 年 11 月版）

《语文美育叙论》后记

　　在整理编辑这本小册子的过程中，我的心情非常复杂。

　　一是激动。像翻阅一本记录个人成长足迹的相册一样，一篇篇地翻检着发表在各种报刊上的旧文。往事，犹如电影镜头在头脑里闪现。写作这些篇章时的场景、相干不相干的人事，会突然清晰地浮现在眼前。逝者如斯，感慨总是难免，有时，竟会对着一本旧杂志浮想联翩。"往事依稀浑似梦，都随风雨到心头。"还真有那么点儿感觉。一是遗憾。翻旧作和看老照片毕竟不同。人们看老照片，往往会为自己年轻时的风采自豪。哪怕是儿时的照片，也会觉得稚气可爱，引来会心一笑。翻旧作，却往往遗憾居多。总是觉得这里说得不透，那个例子欠妥。修改是不可能的了，只是把明显重复的地方稍做处理。实在不行，就在文后写上一段补记。一是忐忑不安。自从 1987 年 9 月懵懵懂懂地在《教育研究》上发表了第一篇教研文章后，就不知深浅地想在语文美育这块土地上挖出一口属于自己的井来。其实，以自己这点浅陋学养，谈何容易！可能还是有一点儿韧劲吧，所以春耕秋耘，也积聚了那么点儿东西。但究竟说得如何，是否经得起推敲，还有待于方家评说。聊以自慰的一点是，所叙所论，都是自己学习和实践中的感悟体会，没有去刻意雕琢，牵强附会。毕竟，我在语文教学园地里虔诚地学习过，真诚地思考过，忠诚地劳作过，留下点儿学习、思考和劳作的记录，仅此而已。

　　但不管怎么说，能有机会把过去一个一个点的思考连缀起来，集中展示在读者朋友面前，总是一件值得高兴的事。非常感谢德高望重的聂振斌先生在百忙中抽出时间为拙书作序。我对聂先生景仰已久，多年前拜读聂

辑四·从语文之美到教育美学

先生著述的《蔡元培及其美学思想》，受益良多，可以说这本书是我学习蔡元培美育的启蒙书。2002年11月，在浙江嘉兴全国美育会议上，我和先生晤谈多次，如坐春风。聂先生平易近人，长者风范，给我留下了深刻印象。书稿初成之际，我抱着试试看的心理，给聂先生写信求序。没想到很快接到聂先生的电话，慨然应允，并嘱我速寄书稿。书稿寄去不到一月，即收到聂先生热情洋溢的序文，说了许多勉励的话，令我十分感动。多年来结识的一批语文教学界的朋友和同事，给了我很多帮助和关心。切磋教学心得，同时也感受人生温情，是一件乐在其中的事。苏州第一中学的领导、老师为本书出版给了我很多鼓励和支持，在此也一并致以诚挚谢意。

又记

《语文美育叙论》是我的第一本书。整理书稿时的兴奋和激动难以言表。因此，"后记"之后，意犹未尽，又即兴涂写了一段文字，其实就是自己多年教育劳作和书写过程中的一点儿滋味吧——

在灌河岸边那一片肥沃的土地上，我度过了难忘的青少年时光，也修完了生活的第一章功课。父母和师长给我最大的人生教益就是：只问耕耘，不问收获。漫漫教学之旅，是我不倦前行的信念和动力。

这不是矫情。谁都渴望成功，渴望辉煌，但我更清楚，选择了三尺讲台，就是选择了寂寞。这是寂寞者的事业，有点无奈，但也无悔。在耕耘的过程中，有诗意的飞扬，有智慧的碰击，有灵魂的契合，有思想的自由。足矣！过程的美丽比结果更重要。

这也不是高尚。这是一个拒绝崇高的时代，奉献也因用得太滥而变得廉价。而我仅仅是要寻求一个精神的支点、一方心灵的家园。人，诗意地栖居，总得有一安身立命之处。面对物欲横流、红尘滚滚，人显得很脆弱，很难不滑向浮躁，也很难不走向琐屑。定力不够时，这是一副良好的心药。

这更不是无为。无为是看破一切，是消极遁世。无为不会付出任何汗水和心血。但这又有点无为的嫌疑。这是一种生活的态度，一种真诚淡泊的生活态度，一种无力超越但又不甘平庸的生活态度，一种处于无为和有为之间的生活态度，一种希望成功但又不想急功近利的生活态度，一种不愿虚度时光但更不愿蝇营狗苟的生活态度。

我崇尚这种态度，它使我人生的步履不太潇洒但也不太疲惫：踏实而不觉沉重，匆忙而不失从容。

（本文为《语文美育叙论》后记，南京师范大学出版社 2005 年 11 月版）

《教师职业幸福的秘密》后记

　　完全没有想到，这本以"教师职业幸福"为话题的书，碰巧赶上了"幸福热"。2011 新年伊始，全国各地的"幸福潮"此起彼伏。"幸福街区""幸福省份""幸福指数"之类的热词层出不穷，中央电视台也在黄金时间热播电视剧《幸福密码》。当然，本书所谓的"幸福"同社会上的"幸福热"风马牛不相及，我也一点儿没有凑这个"热闹"的意思。

　　这本随笔集的直接缘起，当在几年前编选《什么是真正的教育：50 位大师论教育》那本书的日子里。三个寒暑的爬梳剔抉和沉潜感悟，使我终于从卷帙浩繁的教育经典中，理出了一条既能够涵盖整个教育生活又比较清晰而严谨的逻辑线索，即六个相对独立又相互联系的专辑，其中第五辑的主题便是：教师职业幸福的秘密。我得老实承认，相对于其他专题的沙里淘金，有关教师职业幸福的文献资料非常缺乏，除了苏霍姆林斯基有比较丰富的论述之外，其他教育家的经典论述屈指可数（当然，也有可能是我孤陋寡闻）。我隐隐感到，这可能还是一块未经深入开垦的处女地。

　　由于自己年轻时曾经有过辞任校长职务进入重点中学做一名普通教师的经历，早在 1980 年代中后期，我就颇为认真地做过一番教师职业体验方面的研究，也曾在多家教育理论刊物上发表过一些论文。当时我就对参考资料的严重缺乏印象颇深，但只是以为自己阅读视野有限，全然没有想到这竟是教育文献近乎空白的地方。我的研究并没有继续下去，一方面是因为学养和能力的缺乏，另一方面是因为之后不久又兼做教育行政工作，工作负担越来越重。于是，刚刚开了头的教师职业体验研究遂告终结。

　　但是，这个"梦"仍然顽强地隐藏在内心深处，一有机会，便会潜滋暗长，颇有一种"此情无计可消除，才下眉头，却上心头"的滋味。尤其是在世纪之初，当我又一次辞掉重点中学副校长之职而漂泊江南，一身轻松地当一名普通教师时，那种研究的冲动又常常不期而至，不时激发着、诱惑着、撩拨着我，让我跃跃欲试，欲罢不能。我始终相信，教师职业劳动中有一种令人神往的"幸福密码"，如果破解了它，就算苦点累点，也能坦然、安然甚至恬然；而现实生活中愈益严重的教师职业倦怠，更多的是由外在环境的畸形压力以及被扭曲了的教育所致，但同时也毋庸讳言，它确实与我们自身对教师职业劳动特点的理解和认识不足有密切关系。但是，这个问题太过复杂，复杂得常常让我望而生畏。我知道，再想在理论上对此做深入研究可能是一种奢望，不仅因为自己学养不足，力不从心，而且眼下的学术环境也远非从前。于是，我更喜欢兴之所至、随心所欲，写一些兼有叙事风格的教育随笔，记录教育生活中的所见所闻、所思所感，不求发表，只为自娱自乐。有一段时间曾在校园内网上随写随发，时间一长渐渐地也就心境萧索，懒于再写，干脆束之高阁，藏于箧中。这次，略做梳理增删，整理出与"教师职业幸福"话题相关的文字，又续写了若干短章，努力使其内在逻辑前后联系，气脉相通。第一辑：快乐就藏在职业本身——穿越岁月之旅，怀想历史长河中教育先贤的绵绵教泽和大师风采；第二辑：真情是最美的花朵——记述我们熟悉或不熟悉的名师或非名师的教育智慧和教育情怀；第三辑：职业幸福从创造开始——思辨如何驾驭教育劳动，从平凡琐屑的日常教育生活中发现和创造教育之美；第四辑：职业幸福与光环无关——揭示和剖析影响教师职业幸福的种种积弊；第五辑："相信种子，相信岁月"——回顾和反思自己教育旅途中的酸甜苦辣和风风雨雨。

我知道，这些文字离我理想中的境界差距甚远，不是笔力不逮，而是思想的触角还没有达到那种烛幽探微的深度，思考的理性离事物的本质还隔着重重障碍。在体悟和探索教师职业幸福的路上，我仍然是一个且行且思的旅人。如同编著《什么是真正的教育：50位大师论教育》只是为一项理想中的工程打下基础一样，写作本书，也只能算是一次练笔，一种半成品式的制作，一次为思维淬火的思想训练而已；犹如教海拾贝，不时地捡起一二贝壳，以不断丰富和充实自己的教育行囊。明天会如何？不知道！旅途漫漫，就这样风雨兼程；不问收获，就这样耕春耘夏。

不揣浅陋，勉成一集，以就正于读者诸君。十分感谢朱永新教授百忙中阅读我的书稿，并慨然作序；也非常荣幸地被朱教授誉为"具有新教育人的气质与追求"，事实上，我也的确从新教育实验中汲取了不少思想养分。同时，也感谢华东师范大学出版社朱永通老师为本书问世所做的努力。

（本文为《教师职业幸福的秘密》后记，华东师范大学出版社 2012 年 1 月版）

《发现语文之美》导言

大约是三年前的一天，我在网上检索资料，无意间，在一个语文网站上发现一篇题为"用心发现语文之美 —— 读杨斌《语文美育叙论》"的文章，作者是徐州一位素不相识的语文老师。文章写道：

从当初毫不犹豫地选择语文作为自己的专业至今，我心中对语文的喜爱从没有改变过，也一直在心中认定语文对一个人的一生是不可或缺的。究竟是怎样的一种不可或缺呢？我始终把模模糊糊的想法掩藏于心，不是不想表达，是没有思考透彻，没有寻找到能够表达出来的话语。然而，在现实生活和教学实践中又屡屡发现语文受到冲击，本该对学生的精神成长最有影响力的语文似乎远远不是本来所想的那样，想张口辩驳，却又发现理由是那么的苍白无力。我愈加想寻找到自己心里想表达的话语，也相信语文对人生一定有着绝不可忽视的重要价值，只是我暂时还没有找到。今天，在这本书里，我找到了一些自己想说、想要表达的意思，这让我高兴并且心怀感激。

读毕，我喟然一叹，如逢知己。确实，真正一语中的点破我的语文教学思想内核的就是这一句话：发现语文之美。就是为了这一句话，我在语文教学之路上一蓑烟雨，无悔无怨，不计收获，只问耕耘，几十年如一日地做辛苦而执着的"农人"。

一

最初走上语文讲台，是在家乡濒临黄海的一所乡镇中学 —— 堆沟中学。

师范毕业伊始，即碰上了"文革"结束后初中恢复三年制的首届初三，而且一教就是六年（后三年在张湾中学）。可能是进入师范之前曾经当过几年民办教师的缘故，或是因为年轻人充满激情吧，那时的初三语文教得一点儿也不累，非但不累，而且还非常享受课堂上和学生一起读读讲讲其乐融融的感觉。但是，说实话，那时候对语文教学还谈不上有什么认识，上语文课主要还是"跟着感觉走"。

1985 年，我调入省重点中学 —— 灌南县中学。幸运的是，我遇上了对我的教学观念产生很大影响的李坦然老师。李老师是我们的教研组长，我又恰好和他同教一个年级，因此听李老师的课便是家常便饭。几节课听下来，我发现李老师的课与一般的课不同。没有流行的从时代背景到段落大意的固定模式，也没有刻意追求什么教学的重点、高潮，更没有盛行于当时观摩课上演讲一般的慷慨激昂之态。一切，都来得十分自然，也十分流畅，像乡间的小河款款流淌，浸润其间的，是对语言、对文字的品味和赏析。记得有一次，听李老师讲《为了忘却的记念》。在对文章稍做介绍之后，李老师即让学生读。这在"讲"风颇盛的当时，可是不够时髦的事。读了一阵子书之后，开讲第一段。李老师挑出了两个词语让大家比较：为什么"悲愤总时时袭击我的心"，而要摆脱的却只是"悲哀"？一个小小的问题，却一下子抓住了文章的核心内容，激起了课堂上的一潭活水。学生讨论非常热烈，课堂气氛十分活跃。我觉得，这才是真正的语文，原汁原味的语文，脱离了种种概念、程式和现实利害的语文。

当时，正是语文教改风起云涌、流派迭出的时代，各家观点层出不穷，种种旗号此伏彼起。有时，我会鼓动李老师也去"杀"上一枪。要知道，老先生可是 1950 年代北京大学中文系的高才生，读大三时就已在《文史哲》上发表了一篇九千多字的学术论文，还参加过《现代汉语词典》《中国文学史》的编纂工作，他的同班同学谢冕、张炯、孙玉石、孙绍振后来一个个都成了中国文论界的"大腕"人物，而他，却因 1957 年的一场风暴，一直在中学语文教学园地里默默耕耘。这样一位出身名门、根底深厚的老教师，对语文教学是有资格说点儿什么的。然而，李老师没有讲，不是没机会，而是不愿意。有时闲聊到语文教学的某个问题时，他会不经意间冒出一句："不能这样吧。"

而我幸运地"听"到了李老师的许多声音，从课内到课外，从观念到实践。从李老师的"声音"里，我悟出了语文教学的不少门道，这也让我在起步之时少走了许多弯路。受李老师的影响，我也努力追求一种朴实无华的教学风格，在教学中总是力求在课文中找出一个个精彩的语言亮点，让学生去讨论，去发现，去揣摩作者的用意，去领悟语言的魅力。当时还无力对它进行理论概括，但我已经朦胧地感觉到，理想中的语文教学似乎就应该像李老师这样，沿着"语言"（或说"言语"）的路径，走向更深、更远的地方。李老师是我语文教学的引路人，他的教学实践是我语文教学思想萌生的最初"温床"。

二

真正理性地审视自己的语文教学，是在读了李泽厚的《走我自己的路》之后。关于这本书给我的启发和帮助，我曾在多个地方说起过。而要说清我研究语文之美的因缘，这本《走我自己的路》是一个绕不过去的话题。

这是李泽厚的一本杂感集，有序跋、散文、杂文、治学谈、答记者问等各类文章百余篇。作者自谦说"不伦不类，不知是甚么东西的味道"，而在我读来，却像是一道道色香味兼具的美味佳肴。给我启迪最大的是作者的"治学谈"。

正是在李泽厚的启发下，我有了自己的第一篇教育论文，从此，一发而不可收，我就这样开弓没有回头箭地走上了漫漫语文教研之路。也正是从这时起，我开始了对李泽厚近30年孜孜不倦的持续阅读。

就在整理这本教学思想录的时候，我编选的《李泽厚论教育·人生·美——献给中小学教师》也正由另一家出版社紧张编排。在编者介绍中，我写下了这样一句话："与李泽厚的书一见钟情，30年长相厮守，沾溉良多。编选本书，只是想表达一种微不足道的答谢；同时，也希望能为转型期的中国教育加添些思想养分。"这确是我的肺腑之言。没有李泽厚的《走我自己的路》，我就没有机缘走上语文教研之路；而没有后来近30年李泽厚思想的持续浸润，也就不会有我语文美育教学思想的形成和完善。这么说，绝不是要标榜我的思考和实践已达到怎样的境界，漫漫语文之旅，我仍然只是在海滩拾贝；这些年来语文乃至整个教育田园，喧嚣浮华的东西实在太多，令人眼花缭乱、目不暇接，是哲人的思想和智慧让我保持了一份清醒和冷静、淡定和执着。也正因为此，我在本书中不吝篇幅，用了较多笔墨记述我和李先生的点点滴滴，由衷表达我对李先生的尊敬和感激，希望读者朋友们能予以体谅和理解。

三

为什么要在语文教学中发现语文之美？暂且不论语文课应该承载的精神滋养和情感熏陶功能，仅就语文教学本身而言，这也是一个十分重大而严肃的课题。

其实，汉语言具有鲜明的人文性，而且这种人文性和语言紧密地结合在一起。紧紧抓住"语言"这个抓手，深入体会语言的精神内涵，就抓住了汉语言的人文性特征。同时，语文能力的培养和提高也是在发现语文之美的过程中逐步达成的。因此，我不赞成置语文素养、语文能力于不顾，空谈和语文不沾边的人文精神，同时我也不赞成让语文学习仅仅停留在"习得语言规律，培养语文能力"的基本层面，那样势必会回到问题的起点，重新落入单纯工具性的窠臼。语文美育追求的理想是在语文学习中濡养精神，在人文滋养中学习语文。要之，从语言入手，却又不仅仅停留于语言，而是再向前走一步，这样就会触摸到更为具体、更为鲜活、更为深刻、更为丰富的人文。窃认为，我的这一语文观在洞悉学科本质属性、把握语文教育规律方面，似能够在一定程度上做出比较辩证的回答和富有积极意义的探索。

如果从教育学的视角进行考察，我们发现学科之美也是一个颇具普遍意义的课题。近几年，我正是在总结、提炼语文教学思想的基础上，由此及彼，从语文学科走向了整体教育。

英国教育家赫伯特·斯宾塞有一段著名的话："你会设想一滴水，在俗人眼中看来只是一滴水，而一个物理学家懂得了它的元素是由一个力量集结在一起，而那力量突然弛放时可以引起闪电，在他的眼中那滴水会失掉什么吗？你会设想在普通人不经意地看来只是雪花的东西，对于一个曾在显微镜中见过雪的结晶的奇妙多样形式的人不会引起一些较高的联想吗？你会设想一块划了些平行线痕迹的圆岩石，对一个无知的人和一个知道一百万年前冰河曾在这岩石上滑过的地质学家，能激起同样多的诗意吗？"斯宾塞用"诗意"一词来解释知识的魅力。就语文来说，它的美就是作者凭借文字营造出来的氛围、意境、思想情感，就是作者流淌在文字中的生命，就是源自作者心灵的歌哭，或者说，就是作者的心灵。同时，语文之美也是作者凭借文字呈现出来的母语自身的魅力，或者说是语文形式的魅力。不同的文体有不同的魅力，不同的风格有不同的魅力，不同的表达方式也有不同的魅力，甚至，不同的教学个性、不同的教学语境都会碰撞、生发、创造出不同的语文魅力。

知识为什么会美？因为美和真是相通的。自然界本身的规律叫"真"，真与善、合规律性与合目的性的统一，就是美的本质和根源。教学内容反映的是各个学科门类的客观规律，这些规律凝结着人类的智慧和劳动成果的结晶，这里也同样有着如李泽厚所说的"真与善、合规律性与合目的性的统一"，从而可以"以美启真"。"以美启真"何以可能？因为世界上的事物有许多相同的结构，它们相互对应，同形同构，有些是不能用语言表达出来的，只能用"理智直观"，即通过科学美感受和发现它。所以海森堡说，美是真理的光辉、自由的万能形式。这种科学发现或创造与艺术家对艺术美的发现或创造一样，两者具有许多相通或相似之处。依此类推，在教学中完全可以引导学生通过感受知识魅力去感知学科内容。是否发现学科知识之美，在很大程度上取决于教师钻研教材的深度。教材真正钻研透了，发现了知识的内在逻辑结构，知识之美就会油然而生。知识和美如水乳交融，无法截然分开，合则双赢，分则俱伤。深刻把握了真，也就自然领悟了其中的美；寻找到恰当的美的路径，也就容易逼近事物的本质 —— 真。我们很多老师之所以常常忽略学科之美，不是因为他们缺少发现的眼光和能力，而是因为他们被庸俗的教学观遮住了双眼。问题的关键就在于，教师是否成为斯宾塞笔下的那位物理学家、地质学家或者手拿显微镜观察雪花的人。

因此，在我编著的《什么是真正的教育：50位大师论教育》一书中，我即从教育学整体构架出发，把"知识的魅力"作为全书的一个重要章节。我认为，学科之美应该成为教育学研究的重要内容和极具创新意义的突破口。也许，在未来的某一天，当你看到教育学园地里有一株破土而出的新芽，上面怯生生地写着"教育之美"的字样，亲爱的读者朋友，请不要感到惊讶，因为孕育和根植这株新芽的土壤正是本书呈现给您的思想：发现语文之美。

（本文为《发现语文之美》导言，东北师范大学出版社 2013 年 5 月版）

《发现语文之美》后记

有关本书的话题，该说的似乎都已在书中说了，因此，打定主意：本书不写后记。

然而，近日在阅览室看到人大复印资料转载的北京大学陈平原教授访谈稿《发现语文之美，享受阅读之乐》（《复印报刊资料·高中语文教与学》2012 年第 12 期，原刊于《语文建设》2012 年第 9 期，记者李节），还是有点忍不住手痒，想再记上几句。陈平原在访谈中说：

> ……我主张语文教学应该轻装上阵：以审美为中心，不戏说，不媚俗，也不自戴高帽。在我看来，中学生之阅读作品，可以有质疑，有批判，但更应注重"了解之同情"，以及鉴赏中的追摹。现实人生中，确有许多假丑恶，但语文教学更倾向于表彰真善美。与此相联系，在教学活动中，以培养"发现的眼光"为主要目标——知识可以积累，眼光及趣味却不见得。而所谓"发现的眼光"，是指在教学活动中，努力去发现汉语之美、文章之美、人性之美以及大自然之美。好的诗文，兼具"四美"，只是含而不露，需要认真体味，方能有所领悟。……

> "经典阅读"与"快乐阅读"，二者并不截然对立。我只是强调，追求不假思索的瞬间愉悦，不是语文教学的根本目标；相反，应该注意的是培养学生发现的目光。发现什么？发现表面上平淡无奇的字里行间所蕴含着的真善美。而这种"发现"的能力，并非自然而然形成，而是需要长期的训练与培育。

读到这些文字之后，我回到办公室的第一件事就是想和陈教授聊聊，最好能请他为本书写几句话。不管怎么说，能和北大著名教授的语文教学观"撞"到一起，我还是颇有几分高兴的，我不想掩饰这份高兴的心情。从朋友处找到陈府的电话，方知陈教授正在香港讲学。"作序是不可能了，他要在香港半年。"陈太太夏晓虹教授告诉我，"不过，你可以把那几句话印在封底啊。"夏教授好像颇为善解人意。我说："那就算是您的授权了！""没问题，只要注明出处就行。"夏教授以学者的严谨友好地提醒我。

有趣的是，在本书导言的开头，我引用了一位素不相识的语文同行对敝语文观的评语；后记，则又和文学教授陈平原先生的语文观不期而遇。"嘤其鸣矣，求其友声。"看来，写书著文者总是希望遇到知音的，我也未能免俗。

另有一点略做说明。本书系从八年前出版的《语文美育叙论》中析出偏重实践部分的内容，增加了近年来若干相关文字，连缀而成；《语文美育叙论》中偏重论说的文字则拟另做打发。既各得其所，避免原来叙论混合的大杂烩，也"资产"重组，再行梳理反思，增添一些新近的认识和思考，但核心观点则没有变化，多年一以贯之。语文界此起彼伏、层出不穷的种种旗号、流派似乎对我没有什么影响。"路漫漫其修远兮"，求索可以上下，却不能像地道战，打一枪换一个地方。

借此机会，我要向为拙著作序的语文前辈于漪先生表示诚挚感谢。二十六年前，在上海五角场空军招待所，曾有幸聆听过于漪、钱梦龙等多位语文名师的讲座或授课，其景其境，历历在目。那个青年语文教师讲习班，其实也可视作我走上教研之路的一个起点，之后和诸位先生再未谋面，心中却一直怀有深深的景仰！此次冒昧求序，我是像交作业一般把书稿寄给于漪老师的。同时，我也要向素不相识的吴东范老师表示诚挚感谢。没有吴老师的盛情邀约，也就没有和东北师范大学出版社这一次的愉快合作！

（本文为《发现语文之美》后记，东北师范大学出版社 2013 年 5 月版）

《什么是真正的教育：50位大师论教育》导言

　　这是一本以广大一线教师、教育管理者和师范院校学生为阅读对象的教育理论读物。

　　多年来，我们有过很多的教育名著读本，但基本上都是以教育流派为选文线索，选文着眼点往往在于其思想的代表性。无疑，这样的选本可以展现教育流派的发展沿革、思想脉络。但是，它们更多的是为了满足经院派的学术研究需要，而一线教师、教育管理者和师范院校学生，很难有兴趣、耐心和时间去啃这样的骨头，因为这样的理论离教育教学实践太过遥远。实践中困惑不解的问题找不到答案，读到的东西又往往有隔靴搔痒之感。久而久之，我们的教育远离了大师，远离了真正的教育智慧；而缺少大师思想和智慧润泽的教育教学，难免生涩、浮躁乃至于背离常识。于是，近年来，不断有学者提出：走近教育大师，回到教育原点！

　　有鉴于此，我们不揣浅陋，广泛涉猎，从古今中外浩瀚的教育思想宝库里遴选出50位大师的60多篇文章，力图有针对性地回答教育工作者迫切希望解决的最为重要的四个方面的问题：（1）教育是什么？教育应该追求怎样的境界？（2）教育怎样才能成为艺术？怎样才能富有智慧和魅力？（3）面对繁重琐碎的教育教学劳动，教师怎样克服职业倦怠？怎样在工作中创造和体验成功的快乐？（4）应该怎样让学生在教育生活中健康成长，享受幸福？围绕这四个方面的问题，本书设置了六个专辑：

　　（1）教育是什么。

　　（2）知识的魅力。

　　（3）激发和唤醒生命。

（4）把鸟放在林子里。

（5）教师职业幸福的秘密。

（6）童年，人生已经开始。

六个专辑相对独立，同时又有严密的内在逻辑，分别关涉教育本质、教育内容、教育艺术（课堂）、教育活动（课外）、教育主体（教师）、教育对象也是教育主体（学生），其丰富内涵覆盖了教育生活的各个主要方面。六个专辑的基本主题是：

教育本质 —— 确立人在教育中的崇高地位，让教育成为人的生命和心灵发育成长的过程。

教育内容 —— 教育内容自身蕴含着丰富魅力。教师需有一双"慧眼"，穿透知识表象，洞悉和传递学科本质之美并"以美启真"。

教育艺术 —— 教学活动是一门艺术。教师要努力通过自己和学生的共同创造，在教学中激发和唤醒学生的生命活力。

教育活动 —— 教育不仅是学科知识的传递，教育也是生活。在丰富多彩的教育生活中，人，全面和谐地发展和成长。

教育主体（教师）—— 只有教师在教育劳动中充满愉悦和成功体验，才会有学生在学习中的成功和愉悦。只有解放教师，才能解放学生。教师的职业幸福与其劳动的创造程度密切相关。

教育对象和主体（学生）—— 学习，不只是为未来的人生奠基；童年，人生就已经开始。学生成为学习活动的真正主体，学习也就成了一种生活，它的名字叫幸福。

概括地说，走近大师的教育智慧，也就是走近教育生活的智慧、幸福与美。大师以风格各异的表达方式告诉我们：教育应该是一项充满智慧同时也是培育学生智慧的工作；教育应该是一项为学生的幸福人生奠基同时教师也能从中体会到职业幸福的工作；教育应该是一项让学生经常感受到学习之美同时教师也能体验到劳动之美的工作。

教育的本原就应该是充盈着智慧、幸福与美的事业！走近大师的教育智慧，就是要回到教育的原点再出发。教育之长河流到今天，泛起一些背离教育本质的残渣败叶，那是因为在新的历史条件下，我们忘记了教育精神，偏离了教育轨道，迷失了教育情怀。认真汲取教育先贤的思想营养，创造性地实践教育先贤的教育智慧，教育才会成为造福人类的伟大事业，教师、学生才会真正享受教育的幸福。

有大师同行，我们的教育生活会变得丰盈而温暖！

（本书为《什么是真正的教育：50 位大师论教育》导言，福建教育出版社 2010 年 1 月版）

借大师之"酒杯",浇自家之"块垒"

—— 答《教师月刊》读者朋友问

杨老师:

您好!上学期,为了找一本教育名著导读类的书,我跑了好几家书店,最终购买了您编写的《什么是真正的教育:50位大师论教育》。这本书读起来不容易,中间我都想过要放弃,不过心想这书人家都能编出来,我怎么能连看都看不下去呢!后来坚持看完了它,可谓获益良多。您也是一位一线教师,却站在梳理的高度编出了这样一本书。您是怎么产生这个想法的?之前做了什么准备?做出这本书后,您有什么想法?

蔺老师(福建)

蔺老师:

您好!很高兴回答您的问题。其实,问过我这个问题的朋友已经不止一两个了,可能更多的读者朋友心里也有着同样的问题。

诚如您所说,在很多朋友看来,我似乎做了一件本该由学者来做的事。您的这一问题其实隐含着这样一句潜台词:理论读物,和我们中小学教师的距离有点远。我首先想说的是,这是一个误解,也是由现有教育理论读物误导而成的一种现实。我在该书的导言中说过,编撰此书,正是因为我不满于现有教育理论读物那副冷冰冰的面孔,那种追求体系完整、系统严密的学术语调(当然它们自有其价值),让我们中小学教师不得不远离理论,远离经典。这虽然不是全部,但至少也是造成目前教育困窘的重要原因之一。缺少大师思想润泽的教育,必然苍白无力而且虚浮无根,今天东风来顺着东风倒,明天西风刮顺着西方歪。近些年,我们常常在这样的"风"中勤勤恳恳、辛辛苦苦地做教育，到头来却发现自己离真正的教育越来越远。因此，编一本贴近中小学教师思想和工作实际的教育理论读本，便成了本书的编辑主旨。此其一。

其二，编写本书的直接动因，源自我对一次校庆的感悟。我所供职的学校是一所江南名校，也是苏州第一所实行现代教育体制和教学方法的学校。2007 年是她的百岁诞辰。在筹备百年校庆的过程中，我的感受可以用"震撼"二字来形容。在百年校史上，这所学校曾涌现出叶圣陶、顾颉刚、顾廷龙、郑逸梅、吴湖帆等一大批声名显赫的大师级人物和 22 位两院院士。为什么命运如此钟情于这座校园？打开尘封的历史，我们可以发现先辈们是如何办学、如何治校的。首任以及初期的几任校长都有留学日本的经历，教员中也有不少是从日本留学归来的，他们都曾受到过现代教育思想的熏陶和影响。学校课程正课有国文、算学、博物、经学、修身、历史、地理、体操、唱歌、图画，除此之外，还有附设课（相当于今天的选修课、研究性课程），如球类、国术、军乐、金石、丝竹、音韵学、度曲、尺牍、剥制（制作标本）等。学生不仅接受了西方现代科学的启蒙，而且还有丰富多彩的课外活动和社会活动 —— 可以在老师的组织下到无锡、南京、杭州等地修学旅行，也可以组织文学社、办文学刊物，还可以上街演讲，穿军服，背枪支，练习冲锋、骑马、打靶，到天平山旅行野营……看看 100 年前的校园生活，我发自内心地为我们今天的教育感到惭愧！于是，我有了一种冲动。我要走进古今中外教育先贤的思想深处，聆听他们对教育的真知灼见。我相信，时代有序，环境有别，但总有一种共通而永恒的精神，可以绵延至今，润泽我们板结凝滞的教育土壤；总有一种体现教育本质规律的思想，可以如春风化雨，温暖我们瑟瑟苍凉的校园风物！

走进浩瀚的教育思想宝库，我发现其实大师们反反复复念叨的，有时竟可以归结为几个最为简单的问题：教育是什么？教育应该追求怎样的境界？教育应该怎样才富有智慧和魅力？面对繁重琐碎的教育教学劳动，教师应该怎样克服职业倦怠，在教育工作中创造和体验成功的快乐？应该怎样让学生在教育生活中健康成长，享受幸福？这里的每一个话题，都可以阐述出一番道理。但是，我深知我人微言轻，于是，借大师之"酒杯"，浇自家之"块垒"，老老实实地用大师们的言说来诠释什么是真正的教育。当然，我也按照我的理解和感悟，为全书构建了清晰的逻辑框架和思想线索，形成了若干个相对独立的专辑，而这一框架的背后是我对教育活动中简约之美和本真之美的追求。我相信这些话题是中小学老师非常关心的，也能给他们以切实的启发和帮助。它们是：（1）教育是什么；（2）知识的魅力；（3）激发和唤醒生命；（4）把鸟放在林子里；（5）教师职业幸福的秘密；（6）童年，人生已经开始。这些话题分别关涉教育本质、教育内容、教育艺术（课堂）、教育活动（课外）、教育主体（教师）、教育对象也是教育主体（学生）等，涵盖了教育生活的各个方面。在每辑的前面，我都用一段简要文字揭示该辑主题。

选编的过程很顺利，我时常沉浸在思考的愉快和幸福之中。借助于图书馆，借助于已有的各种教育名著，借助于各类教育家文集，我按照既定框架和线索，去寻找、阅读和比较、鉴别。这里，特别想感谢几位给我很大帮助的人。时任苏州市副市长的朱永新先生以及苏州大学教育学院党委书记查佐明先生，为我自由进出苏州大学教育学院图书馆提供了极大方便；时任苏州一中校长的周春良先生，同意我去北京师范大学教育学院做了半年访问学者，让我有机会充分利用北师大图书馆和国家图书馆的丰富藏书，同时也让我有了一段难得的相对宽裕的自由时间；我在北师大教育系访学时的导师陈建翔博士，也给了我不少有益的帮助和指点；时任华东师范大学出版社北京分社社长的吴法源先生，把书稿介绍到福建教育出版社，为本书问世提供了重要帮助；还有福建教育出版社的责任编辑林云鹏先生，为本书最后定稿锦上添花。因为本书没有后记，借此机会，感谢为本书出版给予过关心和帮助的各位师友！

本书编讫，我有登临高峰极目归来之感。有书评说："编写这样一本书，与其说是对他人思想的学习，不如说是对自身教育经验的一次深刻反思。这样的反思，是一次从实践到理论的穿越。""穿越"二字深得我心，概括了个中的甘苦历程。而我最想说的一句话是：教育本就应该是充盈着智慧、幸福与美的事业。返璞归真，正本清源，你会发现，教育原来可以如此朴素而美好！

走向教育之美

一

这是一本"写"了 30 年的书。

1980 年代中期,在一所乡村中学的简陋屋舍,一个风雪交加之夜,初上讲台的我和我的老师曾经有过一次难以忘怀的围炉夜话。而正是那次夜话中老师讲的故事,开启了我的漫漫教育之美研究旅程。这个故事,我在拙著《教师职业幸福的秘密》里曾有专文讲述,这里只摘引其中一段——

> "文革"中,江南某地一中学生在武斗中受重伤。生命垂危之际,这个初二学生向家人提出要求,想和曾经朝夕相处的全班同学见上最后一面。此时,班级正分成两派,壁垒森严,势不两立。谁能把这些对立双方的"革命小将"从硝烟弥漫的堑壕中拉到一起?于是,学生家长想到了他们的班主任老师。这位被两派"革命小将"多次批斗、此时正赋闲在家的老师,听说学生的这个心愿之后,二话没说,开始行动,走东串西去游说动员,硬是凭着自己的影响力和凝聚力,把全班近 50 位同学一个不落地聚集到这位学生的病床前,满足了濒死少年的最后心愿。不久,少年含笑离世,而武斗双方从此化干戈为玉帛……

经历过那个荒诞年代的人都知道,这位教师该付出多少艰难的努力,尤其是该有多大的凝聚力才能做到这些啊!如同打开了一个魔幻的盒子,自此,教师人格魅力问题让我产生了极大兴趣,教师职业魅力到底从何而来这个问题也一直萦绕我心头。我开始喜欢上了对教师职业之美的研究,也算误打误撞地闯进了教育美学园地，并很快有了令人欣喜的收成 —— 若干篇教育美学论文相继发表，当年在《教育研究》上发表的第一篇论文，至今仍保持着一定的文献引用率。遗憾的是，这种势头并没有保持下去，很快，我就在理论和实践两个层面感受到了双重困窘。理论上，时有捉襟见肘之感；实践上，深感理想和现实之间存有较大的距离。我知道，这就是所谓的遇到发展"瓶颈"了。同时，教学任务和行政工作繁重。于是，我选择了放弃，从教育美学的理论思辨中走出，一头扎进了教育教学实践深处，以全副身心沉潜其中。看起来，我是从教育美学这个阵地转移了！

几年以后，当我一蓑烟雨满身疲惫，落脚江南的一所百年名校，摆脱繁杂事务，专心沉浸于钟爱的语文教学时，语文学科的特有气质让我时时产生重操旧业的冲动。我把注意力集中于语文教学研究，在语文学科之美方面累积了一些实践和研究心得。继而，由语文之美推及学科之美，即学科的教学内容（知识）和教学艺术之美，进而推及教育之美。大约在 2008 年前后，我形成了一个关于教育之美的体系构想。这个构想包括教育本质之美、教育内容之美、教育艺术（课堂）之美、教育活动（课外）之美、教育主体（教师）之美、教育对象也是教育主体（学生）之美等六根支柱，其丰富内涵覆盖了教育生活的主要方面。这样，我对教育美学的理解就完全改变了过去一些教育美学的逻辑理路。简言之，我是从教育生活启程思考教育之美的，而不是从美学概念出发构建美学体系的；教育美学是从教育生活土壤中长出来的果子，而不是在美学和教育学概念之间的简单嫁接和移植。此时，我恍然发现，之前那一段时间的教育行政工作，并没有让我完全走出最初的梦想，相反，对探寻如何建构更加接地气的教育美学颇有裨益。有关这方面的思考，本书导论中已有详尽阐述。

为了完善和丰富这个构想，我做了两个方面的努力。一是向经典教育家学习。我在中外教育大家的著作中旁搜远绍，广泛涉猎，围绕六个专题（如前所述教育美学之六根支柱），从浩瀚的教育思想宝库里遴选出近百篇文章，编辑成册，聆听大师声音，汲取先贤智慧。这本文选原名为"教育美学著作选读"，后考虑到种种因素，出版社更名为"什么是真正的教育：50 位大师论教育"，并产生了较为广泛而良好的影响。二是师从北京师范大学陈建翔教授。在时任苏州一中校长周春良先生的支持下，我远赴北京做了半年的访问学者。陈建翔博士以家庭教育在学术界闻名，对教育美学也建树颇丰，他的专著《有一种美，叫教育：教育美学思想录》给了我不少思想启迪和帮助。在国家图书馆，我还有幸查阅了陈建翔、何齐宗、钟以俊、李剑、李业才等多位博士关于教育美学的学位论文及著作，从他们那里了解到教育美学研究的前沿信息，也受到了很多研究思路的启发。我原本的设想是，六个专题分别研究，先出单项成果，形成系列之后再做综合研究。于是，这几年间教育主体（教师）有了《教师职业幸福的秘密》《发现语文之美》两本小书面世，分别对应教育主体（教师）之美和教育内容以及教育艺术（课堂）之美。前者用随笔形式，有叙事，有议论，核心指向是教师职业之美；后者则是有理论阐述，有教学实例，主旨是如何发现和创造语文教学之美。《发现语文之美》既是我多年语文教学的体会和心得，同时也是我思考教育美学的温床和土壤，有心的读者会举一反三，从中悟出一些学科之美的路径和方法。两本书的呈现方式并不相同，但都是我构想中教育美学建筑的重要组成部分。

二

这也是一本"提前"问世的书。

所谓"提前"，即如上文所说，我的教育美学六个专题的单项研究成果尚没有全部形成。之所以提前，乃因为感到了教育实践的需要，感到了生机勃勃的时代之召唤。

首先，是来自教育宏观层面顶层设计的热切召唤。近年来，从《国家中长期教育改革和发展规划纲要（2010—2020年）》，到党的十八届三中全会通过的《中共中央关于全面深化改革若干重大问题的决定》，都突出强调了美育的重要地位，把改进美育教学列为全面深化教育领域综合改革的重要内容之一。教育美学和美育不是同一概念，其内涵和外延都有各自的逻辑边界，但它们显然也有着相当多的重合之处，如果不以严格的学术意义而言，两个概念在许多地方庶几可以并行不悖。为什么教育顶层设计对美育（教育美学）的呼唤如此紧迫？可以说，这是现代化社会发展的必然要求。一方面，飞速发展、高度竞争的现代经济对创新性人才提出了强烈需求，而美育与创新性人才的内在逻辑关系十分紧密，这是许多教育工作者所没有认识到的重要课题。另一方面，现代化社会在为人类带来进步和幸福的同时，其快节奏、高压力也给人们带来了巨大的心理紧张，这是无法避免的历史和伦理的二律背反，其纾缓之道唯有美育。故而，教育必须走向美，这是历史的使命和时代的要求。

其次，是让人日益感受到的来自教育实践的强烈需求。如前所述，本书的教育美学观十分关注教师职业劳动之美、教学内容和教学艺术之美、学生生命成长之美。而现实状况是：教师职业幸福感不足，职业倦怠严重；课堂这一本应洋溢着智慧、艺术和美的地方，往往被挤压得变成只做干巴巴的习题和机械训练的地方；学生成长空间狭窄，生命营养不良。这些现象的根本改变固然依赖于管理体制机制的变革，但是，教育美学无疑可以在特定空间内大有作为，为营造良好的教育生态做出自己的学术贡献。事实上，教育美的匮乏，本身就是导致教育乱象的诸多因素甚至是重要因素之一。同时，近些年来，全国各地一批有见识、有担当的教育工作者，纷纷在各自地区、学校以及课堂开展教育之美的实践探索，执着而艰难地寻求突破素质教育瓶颈的行动路径。诸如美的教育、美丽教育、诗性教育、以美育人、魅力课堂、美妙课堂以及渗透于各学科教学中的学科美育等，有的已经产生了相当影响，取得了可喜成绩。这些实践研究的名称各异，范式有别，但是其核心价值无一例外地都指向了教育之美，即用美引领教育，在教育教学中发现美、创造美，以美启真、以美养德、立美育人。理论总是苍白的，而生活之树常青。这些实践探索是可贵的，努力方向是正确的，预示着教育教学的内部变革将更深入地指向本质，指向规律，指向美，即指向人的生命成长和发展规律，其积淀的实践经验也为教育美学理论提供了宝贵而新鲜的滋养。但是，也应该指出，总体上说，不少指向教育之美的实践研究，因为缺少系统完整的理论引领和顶层设计，还处于自发的、零散的乃至无序的混沌状态。深入变革的教育现实呼唤着理论的阐释、解答和回应，这也是促使我提前让本书问世的一个原因。显然，如同我在《教师职业幸福的秘密》后记中曾经说过的那样，相对于教育美学这座理想中的巍峨建筑，本书仍然只是一间初具规模的简约小屋而已。教育美学研究任重而道远！

如同我们的社会正在急剧转型一样，教育也在孕育着巨大变革。但愿年轻的教育美学能投身时代风雨，经受洗礼，化茧成蝶，走向成熟。

三

最后，关于本书的结构体系，还要做一点儿简要说明。

导言，是本书的总纲，也是系统阐释本书教育美学观的纲领性文字。全书十讲，可分为四个层面：第一讲至第五讲，是教育美学的主体内容，分别讲述教师、教学、校园、知识、学生之美，是对导言中教育美学相关内容的具体讲述；第六讲谈教师美学修养，这是走向教育美学的基本保证，教师美学修养是教师发展的重要内容之一，因此单列一讲，以期引起重视；第七讲谈美育，着重讲美育在教育方针中的地位，以及美育（教育美学）对创造性人才培养的重要意义。第八讲至第十讲，分别讲述百年中国教育美学发展史上的三个重要人物。这三人中，蔡元培起了奠基和开拓作用，首倡之功，不可磨灭；李泽厚是哲学美学大家，其人类学历史本体论哲学中的若干观点，可以成为教育美学的重要思想理论资源，其启迪和指引作用已经和正在显现，而且将愈益彰显出强大的生命力。作为一名教育美学学习者，多年来我从他们那里汲取了丰富的思想智慧和学术营养，独立成章予以介绍，既是客观评价他们所做的重大贡献，也是借此表达致敬之忱。

需要做些解释的是赵宋光。把赵宋光列为专章讲述，是需要一些勇气的，但是，如果教育美学不讲赵宋光，将是一种遗憾。尽管其庞杂的学术建构和晦涩的语言风格部分影响了人们对他的认同，但其潜藏的灼灼思想之光毕竟无法遮挡。愚以为，从蔡元培到李泽厚再到赵宋光，构成了一条百年中国教育美学思想发展的逻辑链条，这个链条草蛇灰线，若暗若明。在蔡元培那里，是振臂一呼，群山响应；在李泽厚那里，是妙手偶得，顺笔一挥而成锦绣；而到了赵宋光这里，则形成了比较显明的教育美学概念框架和话语体系，并被积极付诸教学实践，在一定范围内产生了深刻影响。因此，尽管其中某些观点或尚存商榷之处，某些主张或有待进一步验证，尽管其学说、其作为尚没有被学术界和社会完全认可，但是，本书仍然不吝篇幅，对其给予了高度的重视。这是一个谈论教育美学绕不过去的人物。如同李泽厚先生仍然在落基山下乐此不疲地思考中国前途和人类命运一样，赵宋光先生也旁若无人般行进在教育美学的路上。虽然他已届耄耋之年，步履蹒跚而鬓发萧然，但仍目光炯炯，声若洪钟，丝毫未见老态。真理是时间的女儿，学术史上这样的先例不胜枚举。赵宋光，会是一个新的例证吗？

教育美学是一门年轻的学科，但她并不孤单，其思想其实和中外大师的教育智慧血脉相承。因此，本书每个章节后，都附有若干经典话语，既为读者阅读时提供参照，亦为表示其来有自也！

借此机会，谨向多年来关心、支持、帮助我的诸位师长、领导、朋友和家人表示诚挚感谢！

舛误之处，殷望读者赐教，不胜感激。

是为记。

（本文为《教育美学十讲》后记，华东师大出版社 2015 年 7 月版）

后记

　　法国后印象派画家高更晚年有一幅名作，其标题是："我们从哪里来？我们是谁？我们到哪里去？"我不懂画，这是我从李泽厚的哲学名著《人类学历史本体论》（天津社会科学院出版社 2008 年版）的封面上看来的。当时有些惊诧，但也没仔细追问，只是觉得画面颇有些历史感。直到前不久读到李先生的《答高更三问》，方知这三问原来是哲学的本原问题，恰好对应了他所要探究的人类命运问题。李先生说，2015 年 10 月，他参加在夏威夷举行的"李泽厚与儒学哲学"国际研讨会时，是直接把这本书的封面撕下来带到会议上让大家看的。呵呵，大家就是大家，够潇洒的！

　　这些当然与本书没有任何关系。我在这里扯上这些，也并非想和哲学或者艺术做什么附会。我只是看上了作为画题的那几个字——"我们从哪里来？我们是谁？我们到哪里去？"。这几个字大概就是促使我编选这本书的初始缘由。站了几十年讲台，对教育教学，我到底积淀下了哪些真正属于自己的感悟和收获？讲台的边界不仅在教室里，支撑讲台的地基还有哪些？近些年大大小小也出了十多本书，我到底言说了什么？为什么要如此言说？这些言说背后的理据和逻辑又是什么？无论是教学还是著述，本质上都是教师作为一个人的生命活动，其间会不可避免地充满人的生命意识，那么，我的心路历程如何，思想轨迹怎样？我留下了哪些精神的烙印？等等。本书中的这些文字，大致可以对此做个粗浅的说明和解释。

近年来流行一个热词：不忘初心。的确，对我是谁、我从何处来的追问，从某种意义上讲，正是对自己初心的一次回眸。回望是为了前瞻。不忘初心，方能踏实前行。

本书"星空与岁月"一辑，部分摘自自己的读书笔记，还有几篇是近年发表的个人成长记录，合在一起，算是成长路上的雪泥鸿爪吧。多年来有一个习惯，就是每读到一本重要的书，都要在书中圈圈画画，尽力留下一些体会心得，形式不拘，聊胜于无。"重新发现叶圣陶"一辑，是我编选的几本有关叶圣陶和民国教育图书的前言、后记，作为叶圣陶母校的一名教育工作者，我感到这是我的职责所在，也是十年"叶研"的些许成果，但在我心中，却又早已超越了这一点。我是把叶圣陶作为民国教育的一个代表性符号展开研究的，于是，就有了"民国教育八大家""民国语文三大家"之说。明乎此，才是真正理解了重新发现叶圣陶的深刻意蕴所在。"都云作者痴，谁解其中味？"在叶圣陶研究问题上，我也有此一叹！和李泽厚相遇，是我人生的一大幸运。此中意味，非个中人无法体会。仔细想来，李先生的联系电话，我揣在身边好久却一直没有使用，可为什么会在那一刻悄然拨响？这恐怕与当时失声了的嗓子时好时坏、反反复复，心情极其黯淡、需要排遣和释放有关。编此一辑留作纪念，更多的故事还在后面。当然，坦率地说，"重新发现叶圣陶""走近李泽厚"这两辑文字，也在更深层面上回答了我是谁、我从哪里来的问题。第四辑"从语文之美到教育美学"，是对自己所谓的教学思想（姑且叫作思想吧）的形成过程的记录。从1980年代开始，学习、践行语文之美几乎贯串了我教学生涯的大半。庆幸的是，尽管在应试教育的烽火硝烟中穿越多年，我尚能对语文教育保有一份温情和诗意，并且没有仅仅停留在学科教学层面，去弄那些与我们美好母语相去甚远的东西，而是把学科教育中的感悟所得推及整个教育，让视野和意境都得以拓展和提升。这种探索的效果究竟如何？留待方家评说。我所能说的，只有一句话：相信种子，相信岁月。

环顾喧嚣浮躁的现实环境，有机会驻足想一想，理一理被风吹乱了的思绪，不啻是一贴清凉剂。感谢源创图书的吴法源先生、王小庆先生，让我有这样一个回望和梳理的机会，将著作之外的零散文字汇集起来，不致散佚，且又比较清晰地呈现一路走来的足迹；感谢王栋生（吴非）老师，尽管患有严重的眼疾，却仍费力看完了我的书稿，还写来了意蕴深长的序言，为本书增色不少。说实话，在是否请栋生老师作序这个问题上，我一直是犹豫再三、于心不忍。王老师的眼疾我是知道的，他阅读和写作都十分吃力，但是我又十分希望王老师能写上几句，让他知道，他的那一声"不跪着教书"的呐喊，是如何激励着许许多多的教育同仁的。先生并不孤单！

舛误之处，欢迎读者朋友不吝赐教！